你的心，今天還安好嗎？

每一天練習對自己多寬容一點

손정연
孫廷沇 著　**郭宸瑋** 譯

아주 약간의 너그러움
오래되고 켜켜이 쌓인
마음 쓰레기 치우는 법

推薦序

許多人在人際關係中受了傷，便會責備自己或是怪罪他人，在不幸的泥沼中掙扎不已，後悔過去，擔心未來，然後就這樣周而復始。當然，人的情感會被動搖。會緊張、會煩躁、會鬱悶、會失落、會不安……這些人在跟其他人相處的過程中，就會對社交活動感到疲倦。新冠肺炎爆發以來，孤立現象越來越嚴重，獨立謀生變成一件理所當然的事，因此連獲得安慰的地方也沒有。

簡單來說，現在的我們過得既不舒適也不和睦。和睦這個詞現在被視為用來形容「和諧圓滿的家庭」的過時詞彙，但原本也是古今中外非常重要的生活方式。據說，諸葛亮認為領導軍隊最重要的方式即是「行陣和睦」，亦即隊伍行軍的時候要和睦團結，而不是相互爭鬥。孔子也認為，在君子的生活之道重在和睦，君子以和睦待人、保持自我認同感，以「和而不同」的態度生活，反觀小人則會堅持「同而不和」，即沒有自我認同感，也不願和平與人相處。在聖經中，耶穌代替我們承受罪惡的代價，讓我們得以與上帝和睦相處。然而令人惋惜的是，我們失去了這份和睦。雖然與他人不能和睦相處是個問題，但是更悲傷的是不能與自己和睦相處。

無法對自己寬容，所有的不幸都會持續深化。根據二〇二二年健康保險審查評價院的資料顯示，最近四年間裡憂鬱症患者增加了百分之三十五，焦慮症患者增加了百分之三十二點三。更令人遺憾的是，二十多歲罹患憂鬱症的患者人數暴增了百分之一百二十七點一，焦慮症的患者也增加了百分之八十三點五。在醫院接受相關治療的人大幅增加，但是持續遭受心理痛苦、卻沒有顯示在數據上的人更多。

雖然市場上不斷出版許多有關心理療癒的書籍，但很難在實際生活中成為「應該這麼做」的指導方針。人由於無法正確理解自己為什麼要經歷這樣的痛苦，所以不知道該如何從這痛苦中脫身而出。

在本書中，孫廷沇作家利用自己的經驗以及學習「完形心理療法」[1]的內功心法，一點一點解決我們正在經歷的各種心理問題。觀察到「此時此刻」正在發生的一切，是對自己的身體、感情、慾望、語言、產生對周邊的認知最基本的要素。再者，也能夠讓讀者明白，那些折磨我們內心的想法，如「一定要這麼做才行！」、「無法接受自己的不足之處。」、「以我們的關係來說，這是理所

1 Gestalt therapy，強調人是有組織的整體，把心理或行為看作情感、思想、行動的整合過程的心理治療方法。亦稱為「格式塔療法」。

當然的。」、「對別人開不了口的要求，卻拿來要求自己……」、「別人會怎麼看我？」、「反正一切都是白費力氣，根本沒有意義！」等，都是讓自己痛苦的原因。當然，並不是知道這些事情就能解決問題。因此，這本書提供了一種不僅僅是瞭解，而是能夠穩定我們當前生活核心的方式，它鼓勵我們以新的視角重新觀察世界、反思被壓抑的情感，並以溫暖的方式引導我們建立新的人際關係。

如果最後就像作者所說的那樣，有更多人能夠接納自己充滿自信的面貌，並且能夠擁有「多一點寬容」，這個世界就會變得更安寧和諧。正如完形療法的創始人佛列茲．皮爾斯[2]所言：「『理解』本身就具有治療作用」，我也認為僅僅是讀完這本書就具有治療作用。我期待有很多讀者可以藉由讀完本書，找回丟失已久的和睦。

蔡正浩
天主教大學首爾聖母醫院
精神健康醫學科教授&積極心理學校校長

2 佛列茲・皮爾斯（Friedrich Salomon Perls, 1893–1970），德國心理學家。

前言

現今幾乎三天兩頭就能聽聞充滿腥羶色內容的新聞事件，尤其是暴力性仇恨犯罪，或因為壓力引發的衝突事件、意外事故等等。當這些事件與事故出現在大眾傳播媒體上時，通常會被添加一些評論，強調心靈自在與寬容的重要性。

就在那天，新聞報導和平時一樣，播報著一條接一條的新聞，聽著記者的字字句句，我心中突然出現一個根本性的問題：我們是從什麼時候開始失去了寬容？所謂的寬容究竟是什麼？認為自己寬容的人有多少？然而，如果世上每個人都能做到寬容，那成就太平世界還會困難嗎？

因為接二連三的正面思考迴路，成功引發了我自己的好奇心。當天，我就詢問了幾個認識的人。「你覺得自己是寬容的人嗎？」所有人的回答都不約而同地相似。「我沒有那麼寬容。但是，我也想變得寬容，想要成為那樣的人。」當被問及為什麼這麼想時，我收到的回答中都有一個共通點：因為無法寬容地對他人付出。亦即，人們把寬容理解成一種美德，這項美德的條件是不求回報的付出與分享。就像聖人或宗教人士一樣，把這項美德當成天選之人才能抵達的聖域。

這時，我才領悟一個重要事實。我所提出問題的對象，都一致認為寬容的主體是他人。由於自己無法判斷能夠令他人滿意的寬容程度，便認為自己做不到寬容。倘若在字典裡尋找「寬容」一詞的涵義，會看見其定義為「心地寬廣，胸懷雅量」，但我們只會把這句話解釋為展現給「他人」看的雅量，幾乎找不到將其理解為「對自己」

展現的「寬容」。

然而正是因為這一點，我們反而難以對他人保持寬容。如果無法對自己寬容，就絕對無法對別人展現寬容。也許從表面上看起來似乎是寬容，但這不過是壓抑或逃避內心真實想法的行為。

舉例來說，當一個人的心理狀態不佳的時候，通常會立刻做出反應來擺脫這個狀態。其中會有人抱持「幸好」、「只要我忍耐下去，一切都會解決」、「一切都取決於意志力，懷著感恩的心吧」等等想法，把精力集中在積極轉換心情上。在心情轉佳之後，這個人是不是就達到了所謂的寬容呢？非也。這個人只是暫時消除了勉為其難的心境而已。如果這種消耗心靈的模式反覆重現，就會在某個瞬間突然無法繼續忍耐，進而產生爆炸一樣的反應，或者把自己推向更巨大的壓迫之中，形成一種惡性循環。

因此，我幻想著一個國泰民安的世界，並想藉由這本書提出一個建議。我們寬容的主體應該是「自己」，也就是通過對自我的寬容，並將寬容擴及他人。我們不能只想著施捨他人，反而應該好好守護自己、憐惜自己，亦即將「慈悲的心」先放在自己身上。此時的慈悲會讓你開始意識到自己不是完美的存在，並接納自己的不完整之處。總而言之，我認為的寬容就是接納與包容自己。

我應該要怎麼做，才能將接納與包容以健全的模式帶入自己的生活中呢？為此，我在書中解釋了佛列茲・皮爾斯博士創立的完形療法（亦即「格式塔心理治療」）理論。在這個過程中，我主要參考了金政奎博士的《完形心理治療、充滿創造力的生活與成長》——金政奎博士至今仍然致力於在韓國普及並擴大完形心理治療理論。二〇〇〇年代之後，該理論及治療方法尤其受到許多心理諮商師的關注，其方法是從多種角度觀察當下發生的事情，並找出解決方案。

完形心理治療的核心是「察覺」與「接觸」，本書也會以這兩種理論為核心來討論。察覺自身內心真實發生的變化非常重要，只有察覺到這些變化，才能擺脫已經習以為常的心理習慣，並從容地接納自己真實的樣貌。因為我們的心就像一座熄燈的房子。

當我們從暗處進入屋裡時，第一件該做的事情就是開燈。從客廳、廚房到臥室，依序按下每個開關，光線逐漸在黑暗的空間裡擴散，空間內部的物品開始清晰可見，這就是察覺。現在房子裡是什麼景象呢？有些地方看起來十分美觀且井井有條。然而有時早晨太過忙碌，以至於來不及好好整理，會有一些四處堆積的衣服山，甚至可能會放著一些吃剩的食物或還沒丟掉的垃圾。但是，我們不能閉上眼睛或裝作不知道，必須逐一檢查後放回原處，丟棄或清除，才能使空間重新變得一塵不染。像這樣為了解決環境問題而做出行動，正是所謂的「接觸」。

在我們心中發生的事物也是如此。如果不依照順序開啟按鈕，就跟什麼都看不見的黑暗世界一樣。如果不用自己的眼睛確認，自然無法好好清理，如果不一一清理乾淨，本質上就什麼都改變不了。

但是，這時還存在著一些障礙，阻止我們進行察覺和接觸，那就是「接觸干擾」，這也可以說是讓我們無法正常接觸環境的原因。

例如我們多少都會有這種經驗，就是當心情煩躁的時候，如果對周圍的人發起脾氣，反而會引發更大的怒火。此外，大家肯定也有過這樣的經歷：由於心裡充滿著焦慮與不安的情緒，便試圖沉浸在手機遊戲、電視節目或打掃家務等其他事情上，但是過了那段時間，不安感便會再次襲來。又或是你非常討厭某人，雖然用盡方式不遇見對方，但不舒服的感覺仍然無法抹消。這些都是因為自己內心世界裡發生了狀況才會出現的行動。雙眼看不見這些事情，所以無法完全控制其發生，也無法確認這些事對自己的想法及行動有什麼影響。最後，我們會因此做出針鋒相對的行為，搞砸了自己與他人的情感。之所以會造成如此令人失望的結果，其原因正是「接觸干擾」，而本書亦嘗試探討擺脫接觸干擾的方法。

無論是對自己或是他人，寬容都是一件不容易的事情。當一個人在面對負面的關係或情況而產生情緒問題時，通常會採取最舒適便利的做法，那就是將過錯推卸到別人身上，我們會說「都是因為那個人」，指責、埋怨他人；再不，就是感到自責，認為是自己做錯了什麼。而這些行為正是來自你我忽視自己、忽視自我與周遭環境關係所造成的。如此缺乏自省或過份自責的行為，最後將會讓我們的生活變得越來越沉重、艱難，甚至走上不幸的人生。

如果想要做出改變，就必須瞭解自己此時此刻內心正在經歷什麼。接下來，要進入類似自我思考，藉由「察覺」的方式觀看自己，並理解連鎖引發的事件過程。而為了提高覺察的能力，我們必須學習有意識地留意並觀察自己的內心。這種覺察將能幫助我們寬容地看待自己的不完美之處，最後也能容許自己寬容地看待他人。現在，讓我們來看看如何讓自己的生活加入更多的寬容吧！

目錄

PART 01 在我身上與心中發生的一切

PART
02

是什麼阻礙了我和你的寬容

PART
03

鞏固我生活重心的接觸心理學

接觸寬容的方法

PART

01

在我身上與心中發生的一切

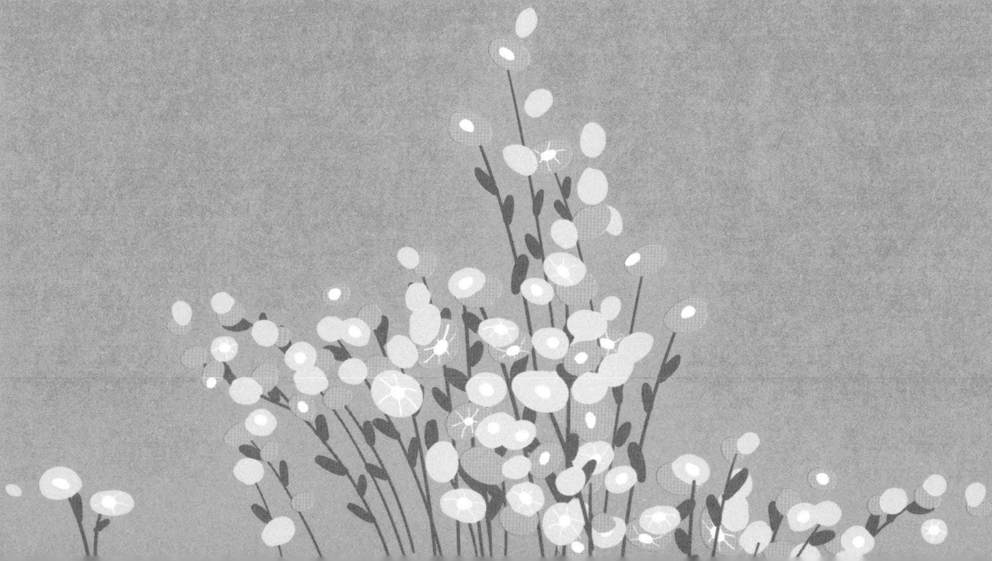

現在，關於此時此刻的察覺

偶爾，我們看見某個人的行為之後，會說出「那個人怎麼那樣啊？」這句話在我的標準裡，隱含一種內心想法：「絕對不能做出那種行為」。雖然我們無法理解難搞又敏感的對方，但如果對方是出自符合情理的理由，那又會變成怎麼樣呢？在這種情況下，我們的想法就會變成：「確實情有可原」。讓我與你得到寬容，就是從發現這個「確實情有可原」開始的，而這句話可以具體化為「察覺」。

所謂的「察覺」，是指一個人在自己的生活中，不去抗拒或迴避當下正在發生的內在、外在現象，如實地辨認、感受與體驗這些現象的原貌。其關鍵核心並不在解析或區分自己內部或外部發生的現象，而是全心全意地體驗它。沒有刻意扭曲自己的情感、想法以及態度，才能發現原本的自我。

如果你還無法理解上面的文字，可以想像一張照片，上面有某個部分或整張照片被打上馬賽克的樣子。看著畫面不明的照片，我們會產生各種各樣的推測與想像。這些推測及想像會引起誤會及事實的扭曲，進而讓我們更加遠離事實。「現在──此刻的察覺」就像去除馬賽克遮罩的部分，直接觀察照片的原件一樣。也就是幫助我們確認不知真面目而感到鬱悶的部分，並讓發生在我們身上的現象明朗化。

察覺的範圍及領域可謂是五花八門。簡單來說，從挖掘自身感覺或感情開始，在狹窄的次元裡認識自己的信念或價值觀等，都可以包含在其中。

不久之前，我受到一家企業的委託，替個人進行相關諮詢，因此有一段時間必須通勤到光化門上班。在久未經歷的通勤時段裡，地下鐵簡直跟地獄沒有兩樣。為了不被行人踩到或者踩到其他行人，我只能動用全身力氣。一天，總是站在我旁邊看手機的人突然把手機收進包包裡。得益於此，那個人與我之間保持著一點點的距離，雖然只是不到十公分的空間，但似乎已經讓人鬆一口氣。從那之後，我心中就出現了一個疑問。每當我乘坐地鐵時，只要看到拿著手機站立的乘客，心裡就會覺得很不舒服。「現在這麼擠，非得要把手臂舉這麼高嗎？」、「到底有什麼重要的事，一定要現在看手機嗎？」、「長得高的人還一直舉著手臂，身體一直碰到別人。為什麼不能考慮一下別人的心情？」我的眉頭緊皺，就像看到了極不愉快的場面。然後我才突然察覺，由於我對狀況的不滿意，讓我的心情變得越來越糟糕。這時，我才產生了必須改變情緒的念頭，並從而獲得對整個情況的主導權。

這樣的「察覺」可以讓我們意識到，此時此刻的自己正處在什麼樣的狀態之中。因此，完形心理治療的創始人佛列茲・皮爾斯也說過：「『察覺』本身也可以是一種治療。」因此，在處理個人心理問題上，「察覺」是一件非常重要的事情，也是一切的開端。

所幸，察覺是可以被訓練的。那些跟察覺有關的事情在我們的日常生活中隨處可見，因此可以專注於練習如何感知身體的感覺、慾望、情緒、想法、形象、行動、環境或是狀況等。一般來說，一旦察覺到自己的現狀，身體就會動員內部及外部的能量來解決問題。心理上受到的阻礙或堆積在心底的事情自然就會慢慢消失，因此我們便得以享受更穩定的心靈和平。相反來說，如果自身進行察覺的行為受到妨礙，或是察覺之後無法連結至實際行動，我們的寬容能力就會亮起紅燈。

察覺充滿神祕的力量，每一瞬間都在引導我們成為自己人生的主角。為了提高察覺的水準，本章會列出我們在日常生活中有意識或無意識中沒有注意到或錯過的幾點。讓我們一邊觀察具有代表性的察覺要素，一邊練習感知自己的狀態吧！

切斷身體訊號的人們

身體感覺的察覺

我有個朋友習慣說「我沒關係」，就像口頭禪一樣。但是在我眼裡，說出這句話的那個人看起來一點也不像沒關係的樣子。嘴上說著「沒關係」的朋友經常是眼眶通紅，下顎情不自禁地顫抖。如果問對方：「雖然你說你現在沒事，但卻一副馬上要哭出來的表情……你真的沒事嗎？」那位朋友便會如此回答：「我有這樣嗎？我都不知道……」最終只是逃避回答。近來那位朋友看起來又更加鬱悶了。「你現在看起來一點都不好，連說話的時候聲音都在顫抖。發生什麼事了？」當我這樣追問後，友人這才開口：「其實秋秋（朋友養的十一歲小狗）身體狀況不太好。都是因為我沒有好好照顧牠……」說完，她吸了吸鼻子。接著拭去流下的淚水，繼續說道：「本來不想要正視，但因為你太執著，所以就只好面對了。」

我也是一個有養寵物的人，所以稍微可以理解朋友感受到的悲傷和罪惡感。聽說秋秋患有白內障，雖然令人感到惋惜，但這對高齡犬來說是十分常見的疾病之一，然而這位朋友只關注自己沒有盡到責任並懲罰自己。在我的眼中，她只是把自己推進不必要的過度罪惡感之中，不過我們姑且先不論這一點。我在這裡想要提出的是，這位朋友在十分痛苦的情況下，依舊選擇隱瞞自己的狀況並假裝沒事，切斷了自己的感覺。

是什麼讓他躲在名為「沒關係」的盾牌後面？其實，朋友無法在別人面前訴說自己因為寵物狗的健康而心情低落，心裡因此遭受許多折磨。這段時間以來，一直有人將這些情緒不當一回事，說出：「只是寵物生病而已，有必要那麼消沉嗎」、「又不是家人生病，也不是得了不治之症，何必那麼矯揉造作」之類的話語，令那位朋友受到許多傷害。本來打算隱藏情緒，但是當我說出：「你嘴上說沒關係，為什麼眼眶都紅了呢？既然你覺得沒關係，聲音為什麼這麼委屈？」我的這番話，在對方耳裡成為「你很疲憊吧？想哭就可以哭」的信號。

我也曾隔絕自己的內心，對自己一點都不寬容。也因如此養出了身體上的疾病。當時我總是很忙碌，雖然不知道是為了什麼奔波操勞，但自己無法全心全意享受休息時間。總覺得不夠忙碌就是在偷懶，而我並不想被評價為懶惰的人。想到自己沒有在做一些具有生產性的工作，便每天都難以入眠。實在無計可施時，我就會在睡覺前至少讀幾本書，才會感到安心。身為一名講師，我認為每天必須用肉眼可見的成果來證明自己，例如更新講課資料、讀書、剪輯教學影片、取得教育證書等。一旦這種想法加深，頭腦就會變得十分沉重，甚至得用雙手的食指與中指按壓腦袋兩側的太陽穴。

現在回想起來，過去的我似乎是有意識地切斷自己對身體的感受，因此沒有敏銳地察覺身體發出的信號，也沒能認真對待這些累積起來的問題。我的身體總是習慣保持緊張的狀態，脖子、肩膀以及四肢的肌肉永遠都僵硬無比。我把這些僵硬的肌肉當作沒有浪費時間、努力生活的證據。然而在感覺到身體的異常並前往醫院檢查後得到的結果，卻不允許我再繼續這種扭曲的自我安慰。「努力生活」這種合理化的藉口已經不管用，只能承認我正在搞垮自己的身體健康。我覺得這樣的自己很笨。

倘若當初有人告訴我「先暫停手邊的工作，仔細留意身體的感覺」，會怎麼樣呢？如果有人告訴我「先暫時靜下心來，不會發生任何事情」，勸導我，並說些讓我安心的話，現在又會是怎樣呢？就算沒有上述這樣的人，如果有人像我對朋友那樣，詢問我「沒關係嗎？」並讓我知道自己投入了多少力氣，會變成怎麼樣呢？即使自己不想要正視，但我會注意自己僵硬而緊張的脖子及肩膀。也許我會意識到自己追求表現的野心過於強烈。退一步來說，我想我也不會成為一個折磨自己的人。

與朋友諮商的過程中，我偶爾會看見自己當時的樣子。大多數諮詢者談論自己所遭遇的痛苦時，他們的聲音會由於情緒不穩定而顫抖，或者做出一些身體動作，例如不斷揉搓手部關節、摩擦手臂、使勁蜷縮身體的肌肉等。這時，如果我詢問已經結束自述的訪客此刻心情如何，對方會回答道「很平靜」，然而，他向我展示的身體動作卻絕對不是在說「我沒關係」。亦即，說出口的話以及展現出來的行動不一致。遇到這種情況時，我便會繼續問道：「請您現在將精神集中在身體的感覺上，好嗎？感覺到了什麼呢？」

當我拋出這樣的問題，對方仍然無法察覺自己身體的狀態，我就會更加具體地提問：「您剛才說話的時候，聲音會呈現細微的顫抖，那個瞬間您想到什麼了呢？」「雖然您剛才說心情很平靜，但是雙手的動作卻非常用力。您現在心情怎麼樣？」

這時，對方才會說出內心真實的心聲：「其實我很難過」、

「心情很焦躁，非常緊張」、「明明不應該說出來，但還是說出來了……瞬間就覺得很不好意思，覺得很丟臉」。但如果把這個問題丟向當時的我，也許我會這樣回答：「我想起了那雙抖動不停的腳，感到很可愛又覺得令人憐憫。」

其實出現在我身上的現象與我想用語言表達的感情、想法以及渴求緊密相連。倘若心中產生「我為什麼會這樣」的想法，連自己都摸不透自己的內心，因而感到鬱悶不已，我希望各位可以暫時靜下心來，留意自己身體所帶來的感覺。集中精神注意身體的時候，才不會錯過當下那瞬間所體驗到的事物，同時也會加強身體的感受。

這種方法並非只適用於內心感到不舒服或有所不滿的情況。在喜悅與歡樂的瞬間，情緒能量上升，身體也同樣會成為映照我們心靈的最佳鏡子。

用下列問題，察覺身體的感受

□ 嘗試感受自己的呼吸。

□ 如果身體能夠說話，那它會說什麼呢？

□ 請仔細聆聽內心的聲音。現在感覺到什麼了呢？

□ 此刻呼吸的狀態（長呼吸、嘆氣、短呼吸等）表現出怎樣的情緒呢？

□ 如果此刻臉上露出笑容，這是內心在表達什麼樣的情緒呢？

□ 能夠感覺此刻心臟的跳動嗎？想像自己就是那顆心臟吧！心臟正在說些什麼呢？

□ 如果此刻流下了眼淚，那就嘗試成為那滴淚水吧！淚水正在訴說什麼呢？

□ 此刻從內心傳來的聲音是在代表誰說話呢？（是哪個人曾經說過的話呢？）

僅是將感覺隱藏，
其實情緒沒有消失

感情的察覺

我曾與許久未見的朋友一起去傳聞中非常美味的魚料理餐廳，我們開心地用完餐點，準備要出去結帳時，見到等待結帳的隊伍已經排得好長。也許是等候花費的時間比想像中還來得久，因此站在我前面的客人開始連連嘆氣，並開口抱怨不停。後來終於輪到那客人結帳，他果不其然跟餐廳員工起了爭執。

「我不是問你要多少錢嗎？」

「先生，您有把帳單拿過來嗎？」

「奇怪了，你不是應該快點幫我結帳嗎？我已經把帳單放在那裡了啊！」

「桌號不一樣啊……這確定是您的帳單嗎？」

「啊，我剛才不是給你了嗎？我就放在那裡，你應該要自己去拿啊！搞什麼東西啊，讓我等這麼久……」

「先生，您的帳單並不是這一張。」

「啊！你們真是煩死了！前面的人不是都沒在排隊嗎？應該先幫我結帳才對啊！」

餐廳員工的表情漸漸難看了起來。就連我也覺得是這位客人在無理取鬧，對餐廳員工的問題雞同鴨講，並隨意發洩情緒在餐廳員工身上。面對聲量逐漸拔高的客人，進退兩難的餐廳員工只能面露尷尬無奈的表情。這場爭執就這樣僵持不下，最終是餐廳員工在客人坐過的桌子與收銀台之間來回奔跑，才終於成功結完帳。直到此刻為止，客人不滿的抗議都沒有停止，一直持續到最後一秒鐘。

一同用餐的朋友頗為惋惜地說道：「最近不管去哪裡，經常會看到像那樣控制不住情緒、對別人發脾氣的人。」人們心中失去了從容與鎮定，似乎變得越來越不近人情。我心中也冒出一些想法。那個人為什麼會如此憤怒呢？有什麼事情讓他的心情變得這麼不愉快呢？同時，我也開始感到好奇。當身邊所有人的目光都停留在自己身上時，那個人心中會出現什麼想法呢？下面兩種思考模式的機率大概各佔一半。一種是即使堅持主張自己的正當性，心中的怒氣也無法消散；另一種則是對自己生氣，氣自己發如此大的脾氣。

每個人都有對自己說過的話或做出的行動感到後悔的經歷。大多也都曾經下定決心，如果下次再遇到這種情況，一定要「忍一時風平浪靜」或「三思而後行」。但是在多數情況下，我們無法控制自己的語言及行動，於是便不斷重蹈覆徹，做出令人後悔的事情。在這些經歷中，有很大一部分與我們沒有察覺到自己的情緒變化有關，因為長時間壓抑的情緒，經年累月之後就會變得遲鈍。

然而此時此刻，我們感受到的情緒是具有歷史性的。過去沒能解決的傷痛，經常會成為支配此刻情緒的元兇。即使沒有變成心理創傷，倘若長時間沒有自覺或是無法表達，養成壓抑自我及自我防禦的習慣，這種情況便會更顯著。就像長期飽受便祕之苦的人，如果不解決宿便的問題，就無法擺脫便祕的痛苦。假若你頻繁無故地感到煩躁，或者容易對小事激動，偶爾會突然有淚如雨下的衝動，就屬於長期壓抑情緒的這一類人。

有一次心理諮商，前來諮詢的是一位中年女性，她的哥哥在六個月前車禍去世了。這段時間，她都用著色來表現最近的心情和當下的感覺。但就在她進行著色時，突然淚流不止，我問她原因，她說：「我以為自己已經忘掉與哥哥有關的回憶。」她接著提到，在哥哥葬禮後，姊妹們考慮到八十多歲的年邁父母，便說好不再提起哥哥。後來即使全家人聚在一起，也只會談論愉快的生活瑣事，自然而然便深信對哥哥的記憶已經全然抹去。但是，原本以為已經遺忘對哥哥的感情，卻在進行著色時突然爆發。她不禁感到一陣內疚。

我引導她維持悲傷的情緒，讓她可以充分感受，同時指引她將自己稱為「罪惡感」的情緒，改為「羞恥感」。很多人將羞恥感及罪惡感搞混，然而這兩種情緒看似相近，其實卻是截然不同。如果說罪惡感是在做壞事的時候產生的情緒，那麼羞恥感就是認為自己很差勁的情緒。她遺忘關於哥哥的記憶，並不是會讓人感到罪惡感的不良行為，但她卻認為自己是個不好的妹妹，始終被羞恥的情緒束縛著。直到她真正體會了自己的情感之後，才鼓起勇氣去接受在這段時間裡被推遲且真正哀悼的情感。

不能接受自己內心真正情感的人，容易為了隱藏這份情感，用其他情感的面具來遮掩。此時，他們雖然感受到厭煩、憤怒、悲傷、不安、恐懼等情緒，但若一直停留在這類情緒上，就會因為心生不快而拒絕面對；或者為了逃避，想要快速排除或轉換這些情緒。有些人會試圖笑著以「沒什麼大不了」為由帶過，或嘴上說「沒關係」之後若無其事地投入其他事情。這其實都是在躲避真正的情緒。

雖然表面上看起來像是克服了情緒，但是這些厭煩、憤怒、悲傷、不安、恐懼等感情都隱藏在內心某處，總有一天必然會再次出現。其結果不僅養成連結帳排隊都等不下去的神經質人群，還創造出內心充滿不安、總是高喊著「快點、快點」的人。

事實上，我們潛意識想要隔絕的情感裡，最具代表性的就是「不安」。有些人會以「克服」不安之美名選擇「完美」，打算用「只要把事情做得更完美就可以了」的名義來隔絕不安的感覺。然而，一旦事情沒有按照自己的計畫順利進行，很容易就會被困在「我很差勁」、「我一點用處沒有」、「我是一個問題很多的人」、「我是失敗者」、「我一點都不可愛」、「我身上充滿缺陷」、「我是壞人」之類的羞恥情緒，然後會開始不允許對自己有任何一點點的寬容。

羞恥的情緒會讓人無法自由自在表達自己的情感與經驗，進一步變成一個努力不讓自己的情感被看穿的不誠實之人。讓人無法鮮明感受到日常生活中經歷的情感，只能停留在隱隱約約的程度。又或者讓人陷入思考，並開始進行分析與評價的循環。這樣的人很難對生活感到滿意，對自己的人生也不會覺得幸福。

我們無意識或有意識隔絕的感情看似消失不見，其實卻在自己的身體與心靈某個角落一點一點積沙成塔。隱藏起來的感情隨時都會再度爆發，成為動搖我們的不速之客，令我們無法擺脫負面思想。因此，我希望各位不要太吝於把日常生活中體驗到的感情原封不動地展現出來。

老歌手市人與村長[3]的歌曲〈風景〉中有一句不斷重複、貫串整首歌的歌詞：「在世上風景中，最美的風景，是一切都回到原位的風景。」

我所感受到的所有情感，都像歌詞所說的風景一樣自然。完全沒有需要質疑之處，也沒有必要為了隱藏而費力防禦。即便如此，將長時間的阻礙及防禦變成習慣模式的人必然難以察覺自己的情感。這時，讓我們暫停思考，集中精力在感覺與情緒上吧！產生感情的主體是我自己。如果連自己都忽略自己的感受，對這些情緒不屑一顧，那麼這些情感獲得共鳴的機會就會永遠不復存在。

3 韓國的雙人民謠樂團，一九八一年發行了第一張專輯《市人與村長》。

用下列幾個問題察覺自己的情感

- □此刻的心情如何呢？
- □停止思考，嘗試專注於現在的感覺。
- □暫時閉上眼睛，集中在呼吸上。倘若此刻心中浮現了某些事物，從其中感受到什麼樣的情感呢？
- □拿起鏡子，仔細觀察自己的臉部表情（微笑、皺眉、呆滯等）後，體會一下自己感受到什麼情緒。
- □請為此刻的感受命名吧！
- □嘗試讓自己變成所感受到的情緒本身，並且用言語表達出來，說出這情感訴說了什麼呢？
- □嘗試用顏色來表達此刻感受到的情緒。腦中想到的顏色跟什麼東西有關呢？有什麼特別的意義嗎？

疲倦、無聊、憤怒的真正理由

慾望的察覺

我有一位朋友，在大家眼中散發著成功職場女性的氣質。在令人稱羨的公司上班，不僅擁有昂貴的汽車，登記在本人名下的房子更是基本配件。每年海外旅行一、兩次是理所當然的，存摺裡現金也是滿坌滿缽。然而，這樣的朋友如同口頭禪一般掛在嘴邊的話語卻是這麼一句嘆息：「人生一點樂趣都沒有。」當被問到：「要不要去旅行呢？」她就會用有些冷淡的態度回答：「啊——好麻煩。妳的體力很好嘛！」如果跟她說：「我有一件想買的衣服，聽說最近在打折，我們一起去吧！」那個人就會回道：「妳就穿現有的衣服吧！都已經這把年紀了，還能有什麼新花樣嗎……」一臉倚老賣老的模樣，對我說的每句話都表現出抗拒的態度。我羨慕那位朋友擁有的背景，於是便對她說：「妳這樣的人都覺得人生沒有樂趣的話，像我這種人不就更慘了嗎？因為妳過得舒適，所以才身在福中不知福！」

從外部的標準來看，那些過著不用羨慕他人生活的人裡面，經常有像我的朋友一樣，對人生感到無聊，內心充斥空虛及憂鬱的人。他們表面上擁有成功的人生，實際上卻過著百無聊賴的日常生活，箇中原因是什麼呢？答案出乎意料地簡單。因為那些人沒有明確意識到自己想要什麼、需要什麼，他們不曉得自己為了什麼而付出努力、投入時間與金錢，因此只覺得日常生活十分沉悶無聊。或者，他們害怕意識到自己真正追求的渴望，又或是對此感到羞恥，也有可能會造成這種情況。如果不能正確意識到自己的慾望，人不僅會開始指責自己，甚至會成為責罵他人或折磨旁人的元兇。

我也有過這種經歷。結婚三年後我懷孕了，那時我在職場也待了十幾年，為了累積第二份職涯經驗，除了努力做好講師的工作，課餘時間全都用來看書、製作資料、通勤聽課，即使每天反覆這種生活，我還是覺得二十四小時遠遠不夠用。沒想到卻意外懷孕，這讓我大受打擊——雖然這麼說對孩子非常抱歉，但當時比起高興，更多的是擔心。計畫永遠趕不上變化，情況總是比想像中複雜，我也曾為此大動肝火。但是即便如此，我也無法坦率地說出自己的真實心情。總覺得把話說出口，就會受到旁人的指指點點。於是我打算若無其事地進行胎教，故作從容地過著正常生活。孩子出生之後，必須同時肩負工作與育兒的重任，但我依舊沒有改變自己的這種態度。後來，就出現問題了；畢竟在懷孕及育兒方面所要付出努力的量與質截然不同，我的能量終於被耗盡。我永遠無法好好睡覺，也總是擺脫不了疲倦的狀態，只要有一件小事不在我的控制之下，我就會怒不可遏，漸漸變成一個神經敏感的人。我始終想不出什麼方法可以解決這種不愉快及疲憊。最終，在瀕臨崩潰的狀態下，我開始對先生發出怒火，埋怨也無止無盡。

我認為丈夫之所以不願意對我、對孩子、對家庭花費時間，是因為他是個只關注自己的利己主義者，對我的愛也已經冷卻。我為此大發雷霆，並且用盡各種方法都要告訴先生我在生氣。要是對方沒有察覺我的怒氣，我就會更加努力尋找殺傷力更大的話語，並且毫不修飾地說出口。然而遇到這種狀況時，事情的發展就會與我的期望背道而馳，令我先生投入更多的精力到自我防禦。每當他說「我也很累」時，都會讓我覺得他很後悔結婚，並且對於我們的婚姻十分不滿，這反應對我而言如同火上加油，我們之間就這樣陷入反覆對彼此生氣的局面。

許多人把「很累、好無聊、很生氣」之類的話當作口頭禪，但是當被問起為什麼感到疲累、為什麼覺得無聊、為什麼生氣時，卻說不出具體的事由。那就代表當事人「也不知道」。在那個時期，我也沒有真正了解自己為什麼那麼憤怒。

那時，我到底想要對我先生說什麼呢？在沒有盡頭的爭吵中，我們開始感到疲憊不堪，直到即將走向極端選擇前，我才終於反問自己：「妳真正想要的是什麼？」

「我想被愛……」

「我想成為對方珍惜的對象。」

「我想要成長，想要獲得成功。」

「我想成為大家眼中的優秀職業婦女。」

但是，這些話語一句都沒能傳達給我先生——不對，也許應該說，我也從未想要傳達出去。因為我覺得一旦將這些話語傳達出去，就代表我承認自己是個「弱者」，而這傷害了我的自尊心。當時，我學到的新知識告訴我要「察覺慾望」。而且值得感謝的是，這正是我踏入心理諮商的第一步。

我們所希冀且期盼的慾望，永遠都是發生在此時此刻的自然現象。但是在某些情況下，我會像過去的自己那樣，對此不屑一顧，然後將其拋諸腦後。甚至以「這事不緊急」、「這事不重要」為由，壓抑自己的慾望。又或者過分在意他人的眼光，但是又裝作毫無察覺，進而放棄或切斷了自己的慾望。

所以，察覺自己的慾望並不是一件容易的事。當時的我如果睡了一段時間，起床後會先在地板上打開感情卡牌以及慾望卡牌，練習集中注意力，了解那一瞬間感受到的感情與慾望。就這樣反覆進行了幾天後，卡片上的詞語才開始真正進入我的腦袋，不知不覺中，我習慣在日常生活尋找感情及慾望的來源。這種感覺，就好像穿過一片伸手不見五指的灰白雲霧。

那時，我才明白自己生氣的原因以及感到不安的理由，都是因為不了解自己的內心而產生的感情。與此同時，我心中「想要繼續成長，想成為職業女性」的慾望也變得更加鮮明。

但是，察覺自己心中的慾望與將其向別人分享、溝通是完全不同的事。舉例來說，雖然我心中懷抱成長的慾望，但是在另一個人的角度看來，「成長」一詞的概念也許十分模糊。因此，當我們在傳達自己的慾望時，最好將名詞替代為動詞，利用具體的詞語將其表現出來。因此，我對我先生說：

「我還需要一點自己的時間。如果你可以幫我一點忙，情況會好很多。」在我這麼說之後，當我為了滿足自己成長的需求，需要對方做出具體的行動，就可以更輕鬆地表達出來。

「如果我能減少一點照顧小孩及家事上的時間，就可以有多一點看書及準備資料的時間，心情也就不會那麼著急了。」先生也對我說的話頗有同感，於是便這樣回答我：

「看見妳這麼具體地說出自己的期望，我也覺得自己受到了尊重。如果妳以後也能這樣對我說出來，我會非常感激妳。」我先生的反應出乎我的意料，而那個反應令我非常高興。彷彿我先生一直在觀察努力的我，並給予我相應的認可，這對我來說是很大的安慰。與此同時，我才了解我先生也有尚未被滿足的慾望。正如同我對成長的渴求，我先生也有著「被尊重」的慾望。

如果明確地察覺並表達內心產生的慾望，我們就可以停止對另一方的推測或分析。因為誤會和歪曲自然而然地減少，所以對解決關係中發生的矛盾會有很大的幫助，也能為彼此提供更加寬容的契機。

用下列幾個問題察覺慾望

- □ 你現在察覺到什麼了呢？
- □ 自己現在渴望的事物是什麼？
- □ 前述問題的回答中，如果出現了名詞，請把它改成動詞，並重新描述一遍。
- □ 請參考「我想要做什麼」、「我希望怎麼做比較好」等句子，並創造出至少三句類似的句子。完成這些句子之後，你想起了什麼呢？
- □ 如果現實不能滿足你的需求，你覺得會發生什麼事情呢？那樣想的理由是什麼呢？
- □ 滿足自己的需求，對你來說有什麼樣的意義呢？

人人都有屬於自己的語言指紋

語言的察覺

美國社會心理學家詹姆斯・W・佩尼貝克[4]在他的書《語言風格的祕密》中提出，不管人類走到哪裡、無論處在什麼情況下，都會留下屬於自己的「語言指紋」。雖然聽過關於指紋的話題，但我是第一次聽到「語言指紋」這個詞，這樣新鮮的論點讓我覺得這本書非常有趣。眾所周知，我們手指頭上的紋路會因人而異，並且終身不會改變，全世界也不會有其他人跟自己擁有相同的指紋。因此，指紋會用於識別個人身分。同樣地，如果追蹤、分析個人使用的詞彙或相關線索，就可以窺見使用這些詞彙的人心中的個人世界。由於每個人使用的詞語風格不同，這也將成為展現「我」個人特色的一部分。此外他的研究指出，一個人的語言風格也能反映他的心理狀態。對此，我深有同感。實際上，我們的語言使用習慣反映出許多的行動特性。在諮商的過程中，藉由展示一個人反覆使用的語言風格，甚至可以提高那個人的自我察覺程度。

有一名女性感到相當不安。她在諮商中最常說的話就是：「我不知道我父母會怎麼想」、「我很好奇男朋友的想法」、「我很擔心我朋友會怎麼看待我的行為……」、「我總是會想要觀察我媽媽的表情，看她是不是生氣了」。她的話語永遠在擔憂他人會如何評價她。這也就表示，比起先照顧自己，她會更想去配合周圍的人，這套程序透過語言反覆表現出來。「先不談論別人，您最擔心的東西是什麼？」我把感情的主體換成她，並向她提問，在不斷重複詢問的過程中，她才察覺自己的感情被忽視了多久。

---

4 詹姆斯・W・佩尼貝克（James W. Pennebaker, 1950–），著作《語言風格的祕密》（*The Secret Life of Pronouns: What Our Words Say About Us*）。

諸如此類的案例不勝枚舉。在我的諮商室有個曾經歷過人際關係創傷的諮詢者，他常說：「我很擔心會出現不如預期的結果」、「其他人好像會把我當成奇怪的人」、「是我太奇怪了嗎？」等等，「奇怪」一詞反覆出現在那個人的話語中。於是我問道：「對您來說，所謂的『奇怪』是什麼呢？」聽了我的問題後，他才意識到自己一直使用這個詞彙，而使用「奇怪」這個詞語，卻能更貼切地表達他心裡的不安。

就像這樣，一個人重複使用的語言就像反射那個人心理特徵的指紋，只要察覺到這一點，就能為自己的生活帶來許多改變。

但可能也會有人懷疑，我們改變使用的語言形式對解決心理問題有多少幫助，僅僅只是改變一個詞彙又有什麼意義?但是，我可以大膽地斷言：一定會有效果。

在我二十歲的那一年，我爸爸發生了嚴重的車禍。那時，包括我在內的整個家庭面臨了許多變化。媽媽一夜之間忽然必須負擔起生計，只能不斷勉強自己的身體，卻會經常發牢騷般的自言自語，表達身體與心靈的痛苦。例如：「我這一點福氣都沒有的人生」、「我到底是為了享受什麼榮華富貴才活到現在啊」、「總該有一件順利的事情了吧」等等的話。但是，這些沒有對象的指責總是挑撥著我的神經。每當我聽見媽媽不滿的抱怨，心裡總是想著：「我才因為媽媽動不動抱怨快要被煩死了。」

某天，媽媽開始讀一本書，並說出了這一席話：「這個世界的模樣取決於自己的心態。我的心態可能會讓我終其一生都處於痛苦中，但也可能讓一切變得沒那麼嚴重。」因為現實已經無法改變，所以我媽媽決定接受它，並且不再繼續發表破壞自己心情的言論。這是從爸爸出事那天之後最令人振奮的消息。而在那以後，媽媽的嘮叨明顯減少了許多，我的心似乎也漸漸找回平靜。但是，後來我的心情卻也不如想像中那般舒服。因為我還是會被同事、被要好的朋友、被愛人、被任何人惹惱。不斷生氣、感到煩躁。

當時，我不知道自己錯過了什麼，但是我現在明白了。我這些不幸感覺及不愉快的情緒與怒氣，並非由於媽媽或身邊的人，而是我自己創造出來的，因此我也必須負全責。沒有掌握好感情的主體是我才對。

無法滿足自己需求的人有一個共同的特徵，那就是有種不願意為自己行為負責的逃避型語言習慣。這些人使用的語言中，行動的責任歸屬通常不明確。在這種情況下，如果進行改變語言風格的對話練習，就能夠認清自己的感情、想法以及慾望，並且為此負責。

想要分辨感情的主體，比想像中要來得簡單：我們只需要修正語言風格就行了。亦即將主詞稱為「我」，或是將被動語句改成主動語句。例如，不要使用「我做不到這件事」來表達，改成「我不要做這件事」。明確表達自己並不是「不會、做不到」，而是「沒有意願去做」。以我為例，如果跟我一樣經常說出「我因為媽媽感到生氣」的話，那就可以改成「聽了媽媽的話，我選擇生氣」。既然這是我自己選擇的事情，以後我不選這個選項，那不就行了嗎？利用這個方式，我們可以在日常生活中改變的語言形式將會非常多樣。

每次說完一段話，加上「我會負起全責」或者「這是我個人的看法」的結語，也是同樣的邏輯脈絡。例如，「我什麼都不會說，而且我會承擔這件事的責任」、「我覺得很生氣，這件事由我來負責」等說話方式，或是「我覺得A看起來很卑鄙，不過這是我個人的想法」、「我覺得A為人很虛偽，不過這是我個人的想法」等。這種表達方式會有加倍的強效，因為這樣可以明確表達對自己一切行為的選擇及負責。我們之所以必須釐清責任所在，是為了能夠察覺並接受自己面臨到的困難與症狀，說到底都是自己造成的。藉由這個方法，我們就有機會可以擁有嶄新的行為模式，並且幫助我們接受自己想或不想承認的事物。

此外，也有相反的情況。有時候，那些生活中經常使用的抽象詞彙反而會妨礙我們察覺自己的感情。諮商中，我聽得最多的便是關於父母的事情，其中最常出現的話語之一就是「我爸爸是個非常嚴格的人」。「嚴格」是什麼意思呢？從字典上記載的解釋來看，意思是「嚴謹且正確地遵守一定的紀律與禮節」。但是，並非所有尋求諮商的人在使用「嚴格」一詞時，都是在表達同樣的概念。每當我要求諮詢者舉出具體例子，說明父親是如何表現嚴格時，每個人給出的答案都不一樣。有些人覺得自己的爸爸沉默寡言、總是試圖控制子女的樣子十分嚴格；有些人覺得自己時常被爸爸訓斥，因此覺得爸爸非常嚴格。

諸如此類的例子數不勝數。我有一位諮詢者，她對每一件事都感到高度不安與緊張，面對不熟悉的新工作尤其如此。因此，求職對她而言是一件困難的事情，雖然她十分認真在求職，可是一旦有新的就業機會，她就會用各種藉口來逃避。我問她總是逃避的理由，她便說：「因為我害怕。」我請她用具體的例子來說明，什麼時候會讓她感到害怕，她立刻想起徘徊在首爾站的街友。我能理解她的恐懼，因為我自己也曾經在走過首爾站地下街時，一看到街友便加快腳步。然而，諮詢者的經驗肯定與我不同，因此我再次詢問諮詢者，首爾站的街友為什麼會跟恐懼的情緒連結在一起，她的回答出乎我的意料：「我很害怕我的未來會跟那些街友一樣。」我心中浮現的恐懼，是來自於害怕街友醉酒後的突發性攻擊行為，而她的想法則完全不同，她想起的是對未來的不安。

大部分的人在具體回想自己使用過的詞彙前，並不清楚自己是在什麼脈絡下選擇某個詞彙。因此，為了解決我們的心理問題，以個人經驗為基礎，將平常使用的概念性語彙或抽象的語言表達具體化，進一步釐清語言的真正型態，是非常重要的過程。這與未來無關，而是駐足在此時此刻的當下的練習。

改變下列幾種表達方式，察覺你的語言型態

□使用第一人稱「我」來取代「那個」、「我們」這類的人稱代名詞。

□使用動詞來取代名詞。

□使用主動語句來取代被動語句。

□請參考以下例句，使用以「選擇」為主體來構成語句。

●「因為那天的事我才生氣。」

↓「對於那天他的行為，我選擇生氣。」

●「因為A我才會生氣。」

↓「我現在對A很生氣。」

●「我本來不想要（吃零食），但是（零食太誘人）」

↓「我本來不想要（吃零食），但是（零食太誘人），最後我選擇（吃它）。」

●「我感到不能呼吸了。」

↓「我正在讓自己不能呼吸。」

●「A看起來很可憐！」

↓「我認為A很可憐。」

● 在話語的最後補充：「……然後，我會負起責任。」

● 在話語的最後補充：「……這是我個人的想法。」

□ 換句話說之後，心中浮現什麼樣的情緒及想法呢？請嘗試說出來吧！

跳出熟悉的環境
才能看到的事物

環境的察覺

完形心理學主張，除了自己以外的一切事物，都是生活中遇見的「環境」。但是，倘若我們將尚未解決的課題，過度投射在自己身上，就會容易變得無法察覺周圍發生的事件或狀況，於是跟現實切斷聯繫。也就是說，我們雖然生活在繽紛多采的環境中，卻沒有感受到身邊的環境。

我們家養了一隻兩歲的寵物狗三角。三角是一隻貴賓犬，就跟所有小狗一樣非常喜歡出門散步。近來，多虧了這個小小的生命體，我開始迷戀上散步的樂趣，這是被我遺忘許久的小確幸。

三角跟我一起散步時，一直都是走固定的路線。昨天走過的路，今天還會再走一遍。雖然在我的眼中只是一條路，但三角每天都會換上全新的心情，興高采烈地走在路上。時而慢走，時而快跑，跑著跑著又會突然停下，把鼻子湊近小草及樹幹，集中精力聞嗅味道。

那一次，是發生在杜鵑花盛開的時期……三角將鼻子埋進杜鵑花葉子上，那個模樣可愛無比，我只能在一旁盯著看。無意之間，我把目光轉移到了地上，發現那裡散落著一朵朵或粉色或紅色的杜鵑花。我觀察著這些落地的花瓣，忽然發現杜鵑花凋零的形態，跟山茶花十分相似。一般來說我們更習慣花瓣隨風飄落，所以這個微小的發現讓我覺得既新鮮又有趣。別人聽說這個小知識時，也許會認為這並不是什麼特別的現象，但那天我的心情格外激動，不禁對引導我走上這條路的三角產生了感激之情。從此以後，我們倆的散步道路變成每天在同一條路上獲得新鮮小發現的地方。

我開始養寵物之後，讀過一本名為《四腳佛陀》[5]的書籍。這是作者與一隻名為「博巴」的狗一起生活十四年的故事。我們可以在書中讀到作者在這段時間裡所領悟的一切，他認為所謂的人生，絕對不是在腦海中自動形成，而是此時此刻在眼前完成的事物，而他正是透過博巴學到了這一切。我跟三角一起散步時，不經意想起在那本書裡讀過的句子，不由自主笑著連連說「對」。

倘若我在散步的途中心不在焉，沒有跟著三角的視線，而陷入自己腦中的思考，雖然對三角有些抱歉，但最重要的是我恐怕永遠不會知道杜鵑花凋謝的模樣。就如同我的眼睛看見了，卻什麼都沒看進去；我的雙耳聽見了，卻什麼也沒聽進去——而這一片刻，就將在缺乏專注、未能認真品味的狀態下錯失了。明明只需要稍微留心，就能夠看到、聽到的事物，為什麼我們總是錯過呢？因為在我們的腦海中，永遠充滿了等待解決的問題與想法。

由於我的工作特性，必須經常前往偏鄉地區。我大多使用的交通工具是火車，在火車上欣賞車窗外掠過的風景，令我感覺身心變得平靜放鬆。但是，有時候我強迫自己將視線固定在車窗上，心中卻完全沒有一絲和平或放鬆的感覺。這是因為我滿腦子都是等著我去處理的事情，以至於雙眼以及頭腦分開運作。

許多人有過這樣迷糊的經驗：專心致志地走在路上，無意間環顧四周之際，看見許多不知何時便盛開的花朵，並心想「什麼時候換季了？」是以，我們錯過了對環境的察覺，比如周遭發生了什麼事情，又產生怎樣的變化。但是這裡所謂的環境，並不僅僅代表我們肉眼可見的周邊自然風景。更是擺脫腦中的想法與思考，認識並察覺現實生活本身。因為，察覺周圍的環境與身體感覺、感情以及

5《四腳佛陀》（*Der Buddha auf vier Pfoten*），由德國作家德克・格赫塞（Dirk Grosser）所著。

需求有關。

當我們無法透過五官察覺實際的環境，又未能覺察自己所處的狀況，以至於對現實產生了先扭曲、後感知的狀態，將會導致我們不斷受到痛苦的折磨。

有一名女性在職場被暱稱為「解決大師」，在家裡則是個單親媽媽。她嘆著氣對我說：「最近我變得不像平時的自己，總是對同事以及家人表現出敏感又神經質的一面，在工作上也一直出現小失誤。」更令人遺憾的是，她的敏感脾氣通常都是發洩在年幼子女身上。「媽媽要照顧你們到什麼時候啊？媽媽也很累了」、「媽媽不在的時候，你們應該要懂得自己準時吃飯吧」、「連寫作業這種事情都要媽媽一一提醒嗎」、「連吃個配菜都要抱怨的話，就乾脆都別吃飯了（說著便搶走飯碗）！都給我進去！」

聽完她的敘述，我認為她一個人要負擔的事情太多了。我猜想她也許已經瀕臨極限，因此便順勢詢問她自己對這部分的看法。她這樣回答：「大家在生活中不都是盡力扮演屬於自己的角色嗎？我從來不覺得自己做太多的事情。反而覺得我隨著年齡的增長，還是不斷犯下錯誤，這讓我對自己感到失望，也對周遭的人感到抱歉。」她一直不斷向我強調，她並沒有負擔很多事情。

但我總是覺得她對待自己過於嚴苛。為了更加客觀確認她的狀況，我決定跟她一起畫「生涯彩虹圖」。在生涯彩虹圖中，會將我們在生活中選擇與負責的角色具體化，並在彩虹的格子裡描繪出角色起始與結束的年齡。這是由生涯諮商學者薩伯[6]創造出來的系統，薩伯希望從人生角色脈絡中理解選擇職業的過程，並主張每個人同時要履行的各種角色會相互影響。所以，藉由這項活動，我們可以直觀地看

---

6 薩伯（Donald E. Super, 1910-1994），美國具代表性的職業管理學家。

見自己的發展階段與現階段從事的角色作用。

而這位女性諮詢者曾經歷過「子女、學生、父母、配偶、上班族、宗教信徒、市民、聚會領袖」，於是畫出了這八個角色。接著，她凝視著自己畫出來生涯彩虹圖，忽然就流下了按捺已久的淚水。我問她為何流淚，她這麼回答：「老師，我的人生真的一直在掙扎中度過啊。我直到現在才明白，為什麼覺得疲倦，為什麼總是犯錯，為什麼一直對孩子發脾氣。還有，我實在是負擔了太多的事情。」

有些人在向他人敘述自己所處的困境時，會將其解釋得比實際情況更加艱難；有些人即使身處非常艱困的情況，也會將「這沒什麼」掛在嘴邊，並且先縮小自己的處境後加以感知。這兩種情況都是先歪曲事實後，才去感受環境。若要擺脫不斷重蹈覆轍的痛苦，我們必須要先如實了解自己的處境。

畫下生涯彩虹圖的這位諮詢者也是同樣的狀況。直到現在，她才能夠客觀看待自己的處境。她意識到自己同時擔任許多角色，並且心理上承受過多的責任感，這讓她的身心靈都遇到了瓶頸。她必須察覺到這個情況，才能夠去思考自己為什麼會有這種生活態度以及行為模式。小時候與媽媽相依為命，目睹了媽媽總是為自己犧牲了許多東西，於是便下定決心未來要讓媽媽幸福。

「就算辛苦，也不能表露出來，必須讓人看到笑容。」

「不要讓身邊的人感到失望。」

這就是她童年時期不斷累積的自我信念。為了堅守這個信念，她忍耐著感到痛苦疲倦的心情，壓抑、切斷內心湧現的感情，永遠保持平靜的微笑。她長久以來維持著笑容，告訴自己「我一點都不累，不管遇到什麼事情我都可以克服，所以能夠笑得出來」，用這樣來騙過自己的感情、慾望以及想法。

當我問她，如果她表現出疲憊的姿態，身邊的人會如何反應時，她停頓了一下子，接著回答：「好像沒什麼影響。」我又問：

「這是什麼意思？」她說：「我想大家都會做好各自負責的事情。還有……我怎麼可以喊累呢？大家肯定會一邊幫忙我，一邊叫我去休息……」語畢，還露出有些靦腆的笑容。

我們偶爾會成為習慣的奴隸。不過，面對生活中反覆無常的痛苦，我們不可能在習慣裡找到解決方案。雖然會有些不自在，會有些害怕或不安，但是我們必須擺脫習慣，客觀看待自己當下的處境。如果能夠正確看待情況，對於那些我們已習慣的藉口、拖延已久的課題，終將找到解決它們的頭緒，並容許自己一些空間及寬容。

畫下你的生涯彩虹圖

找找看現在自己在生活中擔任什麼角色吧！然後，請先確認每個人生角色起始的年齡（左），再去確認相應角色結束的年齡（右）。之後，使用不同的顏色來標記，以便區分每一個角色。

□ 在生涯彩虹圖中，現在的你是處於什麼階段呢？

□ 你想對自己說些什麼呢？

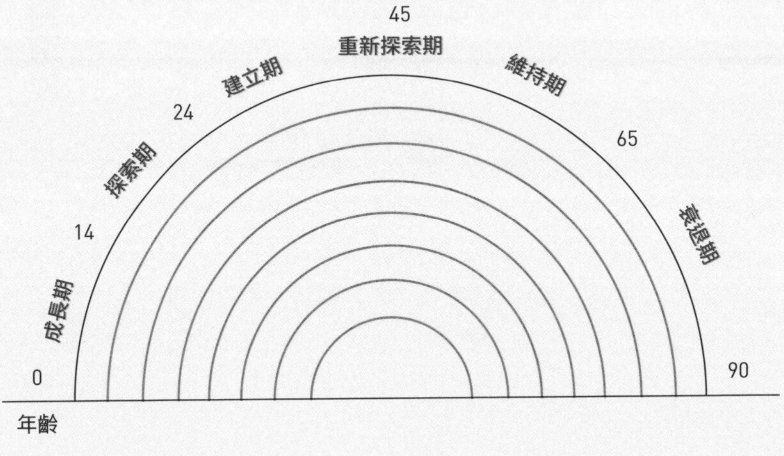

改變下列幾種表達方式，察覺你的環境

□環顧自己現在所處的空間，請試著將眼前看到的事物一一列出來。

□請使用「我看見……」的句型逐條列出。

□是否看到了過去不曾發現，或是沒能注意到的新事物呢？

□閉上雙眼，集中精神，傾聽傳進耳裡的聲音。你聽到了什麼呢？

□觀察身邊事物的顏色。能夠引起你注意的顏色是什麼呢？

□如果你的旁邊有人，請閉上眼睛，回想這個人的臉。

□現在，請睜開眼睛，慢慢觀察這個人的臉。跟你剛才的想像有什麼不一樣呢？

□請看著旁邊人的眼睛。你從對方的眼神中，感覺到什麼了呢？

PART

02

是什麼阻礙了我和你的寬容

壓垮日常生活的
六種接觸界線混亂

我們時常會把人生比喻成雲霄飛車或是海浪。因為世界上沒有永遠笑著的人生，也沒有永遠哭哭啼啼的人生，所有人的生活都是由笑容與淚水交織而成。沒錯，我們早就知道人生會有下坡路。如果不想在雲霄飛車的下坡軌道上失去方向與速度，我們每個人擁有的復原能力就很重要。我在學習心理諮商時，才知曉雷茵霍爾德．尼布爾[7]的《寧靜禱文》不僅包括諮詢與治療的領域，同時也傳遞了重要的訊息，告訴我們如何擁有心滿意足的人生。

對於無法改變的事情，請給予我能夠平和接受的心智，

對於可以改變的事情，請給予我挑戰的勇氣。

此外，請給予我能夠辨別這兩件事情的智慧。

堅持自己可以改變「不能改變的東西」是個問題，同樣地，把「可以改變的東西」視為不能改變之物，並以此為由而放棄也是問題。這種想法，也會讓我們做出增加情緒痛苦的不適當選擇。那麼究竟是什麼在妨礙我們做出選擇與承擔責任呢？無論是過分控制自身感情及慾望，因而無法享受日常生活樂趣的人，還是將自己應負的責任推卸給別人，並且不斷抱怨的人，其實都有各自的理由。因此，我們

7 雷茵霍爾德·尼布爾（Reinhold Niebuhr, 1892-1971），美國神學家。

應該可以知道這些東西是如何摧毀我們的日常生活。

不久前我開始看OTT電視劇，也與好友們聊了好幾天的相關話題，讓我們的聊天視窗熱鬧非凡的其中一部電視劇就是《安娜》。這部電視劇中，引起我注意的是安娜與她的私人祕書趙祕書的對話。一天，安娜對著總是默默完成被交付工作的趙祕書說道：「面對父母時，也不要感到畏縮。所謂獨立，就是從不對父母的失望感到內疚開始。」我認為這句話非常正確。對那些難以從父母身邊獨立的孩子來說，罪惡感就像原罪一樣揮之不去。這種情況下，當孩子想要培養心理獨立所必需的感情、欲求與想法時，罪惡感就會成為其中的妨礙因素。

生活中遇到心理上的困境時，我們會為了解決眼前的問題，嘗試改變想法以及行動，但總是會有一些因素妨礙我們整理心中的垃圾。這些妨礙因素叫作「接觸干擾」，第二章將會揭開接觸干擾的真實面貌。是什麼阻止我們變化？總共有「內射」、「投射」、「融合」、「回射」、「折射」、「自我意識」等六大要素，有些人心中的某一種要素特別強，也有同時擁有多種要素的人。無論如何，我們可以肯定的是，只有正確了解自己心中的妨礙因素，才能夠正確洗滌心靈，改變生活的品質。倘若想要對自己更寬容，就必須從這六個妨礙因素中解脫。

「一定要這麼做才行！」

內射

「無論什麼時候，俊浩看起來都很有活力。」

「俊浩，下次聚會的準備也麻煩你囉。」

在我諮商的經歷中，曾遇見一位三十來歲的男性，俊浩。他在自己的朋友圈中，是屬於充滿活力且善於社交的人。但是，他每天踏進家門的瞬間，渾身上下的精力就會消失殆盡，陷入什麼都不想做的無力狀態。事實上，他並不認為自己是熱情且善於交友的人。但是，他也希望能夠一直表現出充滿活力的樣子，因為他深信只有如此，才能獲得周遭親友的肯定。

對他來說，所謂積極正面的評價，是讓自己在一段關係中成為「有用處的人」、「被需要且舉足輕重的人」。此外，這些話也是他父親曾反覆拿來要求他的價值觀。他那從事專業工作的父親總是對他強調，「要成為對這個世界的需求有所用處的人才」，於是俊浩便以為按照父親的囑咐來生活，才算是擁有完美的人生。他要求自己對所有人展現出活力滿滿的笑容，但是在某個瞬間，這件事卻變成束縛自己的枷鎖，對於小丑般露出虛偽笑容的自己，他甚至開始感到厭惡不已。就算他不想再像個傻子一樣，臉上掛著從未發自真心的笑容，也不願再繼續對身邊的人演戲，但是每當他出現這種想法時，腦海中就會自動浮現「只有笑容才討人喜歡」、「我在大家眼中應該要是一個親切的人」、「我必須成為有用處的人」等話語。也因此，他會再次戴上朝氣蓬勃的面具，接著又在轉身之後開始埋怨自己，重蹈覆轍過著充滿後悔的日子。

有些人對未來即將發生在自己身上的事情，總是會產生消極的想像，並對此感到恐懼不安，因而無法追求自己真正想做的事。不能坦率地用行動表現出來，只能壓抑著這些慾望，心理上當然會覺得難受。因為在這些人的心中，他們正在跟一個想要控制、支配自己的「法官的聲音」一起生活。

讓俊浩感到痛苦萬分的「法官的聲音」，是在什麼時候開始出現的呢？我請俊浩告訴我，當他想起父親的時候，心中會浮現什麼場景。他想起的是父親比起家人更關心身邊其他人的身影，還有被旁人眾星拱月、接受感謝的模樣。對於年紀尚幼的俊浩來說，父親是一個很瀟灑的人，他也夢想能成為像父親一樣受眾人尊敬的人物。就如同人家說「小孩子懂什麼呢？只要依照爸爸的指示去做就好啦」，從小他就一直被強迫按照父親的意志行動，但他也認為這是為了接近「自己夢想中的父親」的必經之路，因此便照單全收。父親對他來說，是一個非常重要的存在。此外，家中的氣氛也產生推波助瀾的效果——無論對錯與否，他都不被允許對父親的話語或想法提出任何反駁或意見。

像這樣處於毫不為自己考慮，只能無條件接受現狀，並受到他人行為或價值觀左右，而對自己的行為或思考方式產生負面影響的現象，被稱為「內射」（Introjection）。「內射」會阻礙我們改善或停止對生活造成問題的行為模式，並習慣性地反覆產生影響。因此，這是會使問題無法解決的心理妨礙因素。

年幼的俊浩直到成年為止，都以為父親的要求就是自己的需求。然而，現在他才發現他也有自己的需求與期待。「我也可以隨心所欲」、「我也跟其他人一樣重要」、「我不能百分之百滿足所有人」、「對於不喜歡的事物，直接說出來也沒關係」，這些都是俊浩的真心話。但是，俊浩仍然感到矛盾無比，他沒有信心展現出自己的慾望。他總是覺得焦慮不已，如果只按照自己的慾望行動，就會出現無法解決的問題，或者不可挽回的失敗。

「我覺得大家會對我感到失望」、「如果被大家說三道四、品頭論足、那怎麼辦？」」、「如果我不能成為群體之間的核心人物，我會覺得很鬱悶」，在他的想像裡都是極為糟糕的狀況。接著他又說，如果他在一件事情上沒有得到父親想要的結果，父親就會對俊浩說出「不要跟別人說你是我的孩子」、「我從沒生過像你這樣的孩子」、「真丟臉」等等的話，就像是在處罰他一樣。父親的這些話語在俊浩的耳中，就像是要拋棄他的宣言一樣讓他痛苦。我聽完他的故事，也理解為什麼他那麼在意別人是否給予正面的評價，又為什麼他明明看起來十分疲倦，卻又勉強自己戴上積極的面具。

其實，就算不是在這種被權威人士威逼的情況下，這樣的內射作用也很常發生。我的父母親有一位共同的晚輩，那位晚輩是一名公眾人物，他學生時代的小小願望之一，就是品嘗街頭小吃。聽說他非常羨慕別人可以一邊走在路上，一邊吃著街邊賣的炒年糕、糖餅、吐司或是冰淇淋。雖然該晚輩的父母從未對此有置喙，但當時那人卻經常自己想著「我應該要謹慎行事」、「不能丟了父母的面子」、「我的言行必須要有格調」等。直到現在，那位晚輩仍會遺憾地表示：「這種『阻斷』最後變成我的習慣，讓我在學生時代裡一直在無意識壓抑著自己的感情。」

倘若內射作用大肆滲透到日常生活中，進而產生負面影響，就會讓自己被排除在生活之外。在一次的諮商中，我遇到的一位四十歲出頭的男性，他放棄了結婚與戀愛這兩件事。這個人並非不婚主義者，然而他之所以放棄結婚，是由於必須照顧已經一把年紀卻必須持續工作賺錢的母親，以及當了二十五年無業遊民的父親。他告訴我：「我想要代替在年輕時期沉迷於賭博及酒精，讓家中充滿暴力、並使家庭關係陷入危機的父親，讓一直在工作、保護兒子的母親能生活得幸福。」又說：「雖然非常難以啟齒，但我希望我的父親能早一點去世。為此，我每天都在祈禱。」說這些話的時候，對方的表情十分平靜。對他來說，父親就是一個壞人，把自己跟母親在生活中的剩餘價值榨得一乾二淨。從小時候開始，他也無法理解不曾想從無時無刻使用暴力的父親身邊逃跑的母親。這樣目睹一直在恐懼中受苦的母親許久後，他終於下定決心。

「我會負責媽媽的生活。我要為了媽媽而活。」

雖然這個人從未被外部力量強迫，但他幫自己制定了阻斷慾望的內在規範，並把心力都傾注在母親與家庭上。這是自身創造出來的內射作用，所以又被稱為「自發性內射作用」。在某些層面上，這種自發性的內射作用會比外部注入的內射作用更具有約束力。外部注入的內射作用能夠明確找到責任歸屬的「問責對象」，並且加以克服，但自發性的內射作用卻能夠成為合理化思想的工具，進一步強化抑制自己的行動。

這位男性被賦予了「絕對不能對媽媽的痛苦裝作不知情」這般強烈的責任感，因此當他不能遵守，感受到的罪惡感與羞恥心也會十分強烈，因此便自然而然地切斷了自己的慾望。

上面提及深受內射作用影響的兩人都被評價為「善良人」。那些經常被稱讚是「善良人」的人們，他們的共同特徵之一就是會順從他人的期待來過生活。由於他們從未在生活中滿足自己的期待及慾望，因此其中有許多人認為自己的人生是不幸的。他們心中有一套規範，要求自己對別人無限寬容，對自己卻嚴格無比。以父母的價值觀或社會道德準則為基準，過分要求自己「要善良」、「要順從」、「要誠實」、「要犧牲」、「要成功」等，這些社會行為不但侵犯了個人的自主性，甚至剝奪了選擇與負責任的機會。

若是被內射作用過度影響，那些嚴重失去自主性的人會開始依賴他人。而一個人在決定與行動上猶豫不決，總是採取被動的行事風格，在旁人眼裡也會變成一個不討喜的人。無法掌控自主性的人，即使面對自己想做的事情，也會因為他人的反對而不去做；但即使面對不想做的事情，只要他人表現出積極的意願，這個人就會去做。因此，這種人也非常容易成為煤氣燈效應[8]的受害者。

我有一位諮詢者在經過諮商後，察覺到自己內在受到嚴重的內射作用影響，然而即便她已經有所察覺，依舊覺得向母親要求自己想要的東西十分困難。母親不可能會理解女兒為何一反常態，突然強烈主張自我需求，直接說出自己想要的事物。於是，某一天她在接受諮商的時候，便在紙上寫下了自己想要的東西以及不想要的東西，然後看著這份清單練習說出口。後來她跟母親見面之後，真誠地傾訴自己思考轉變的過程，而她母親也與平時不同，認真聆聽女兒的話語，承認了自己過去對女兒在某方面的控制與要求，兩人也趁這個機會好好溝通了一番。

受到內射作用的影響越深，就越是容易先將自己與他人的感情與慾望分離，然後才猶豫不決地表達自己真正想要的東西是什麼。

韓國完形心理治療的頂級權威專家金正奎教授表示：「內射作

用就像輸入我們大腦的一種軟體程式。」他主張內射作用與個人經歷過的所有心理問題息息相關，並強調了這件事的重要性。正如我們若想要自己的手機或電腦不故障，並且可以長久使用，就必須定期將軟體升級與清理，我們的心也需要這樣的整理過程。

---

8 煤氣燈效應（Gaslighting）通常指為了自己的利益而故意嚴重誤導他人的行為或做法。經由心理操控形式，使受害人逐漸開始懷疑自己，使其質疑自己的記憶力、感知力或判斷力，其結果導致受害者的認知失調和其他變化。

「無法接受
自己的不足之處。」

投射

「有個我非常討厭的人，光是聽見那個人說話的聲音，我就倍感壓力。我曾經想盡辦法去理解對方，拿出自己所有可以發揮的惻隱之心，但現在只要聽到那聲音就渾身起雞皮疙瘩，看都不想看對方的臉。但是，我們倆在這個學期的課程被分到同一組。當時我真的想乾脆休學好了。可如果真的那麼做，我又會覺得很委屈。那個人總是讓我有一種成為受害者的感覺，所以我心情非常非常糟糕。」

我遇見了一位十分自卑的女性。她一邊工作一邊攻讀碩士學位，在所有同科系的同學中，她格外看不慣某個女同學，總是對那個人產生不友善的感覺及想法。用一句話來概括那位女同學，就是「這個人做什麼都很惹人厭」。例如每次上課的時候都像在炫耀自己的知識量般一直提問，或者進行分組作業的時候，就一定要成為站上台發表成果的人，藉此引起教授的注意，又或者在聚會或活動時非要站出來指揮大家等等。那個人到處陰魂不散，就像一個只在乎自身利益的人一樣，所以十分討人厭。我問那位女同學的行為對她有什麼影響時，她告訴我：「雖然沒有特別影響到我，但我認為身為一個成年人，那種不成熟的態度讓人感到不快。」

我進一步仔細詢問她，她心目中認為的成熟態度是什麼樣子。她立刻回答道：「不過分展現自己，懂得沉默是金的道理，讓人看見謙虛的態度。」並且在最後總結：「用一句話來說，就是安分守己，不要鶴立雞群。」她毫不掩飾自己對那位女同學的厭惡，說道：「總是站出來說話、表現自己，不就是想被別人注意到，並且獲得認可嗎？但是，真正優秀的人即使不努力表現自己，人家也會先注意到他。」如果按照這女性的說法，其他人應該已經知道那位女同學膚淺的心思，她也不必對此這麼在意，但為什麼會一直這麼討厭對方、心情如此煩躁呢？面對這個疑問，她說：「因為那位女同學的口才出眾，所以每次上台發表的時候，包括教授在內的所有同學都讚不絕口。」從她的角度來看，那位女同學不過是個自命不凡、喜歡出風頭的人，心底始終無法抹去「大家都被那個人騙了」的想法。我認為她需要察覺到，她所討厭的對象是那位女同學，還是沒有充分獲得他人認可的自己？於是，我向她問道。

「我覺得，妳也希望能夠輕鬆說出自己的感情，而身邊的人也能夠傾聽妳說的話。對嗎？」她露出自己無法看見的表情，接著猶豫了一下之後，才點了點頭。

其實，她一直羨慕著她所討厭的那位女同學，因為對方有著她理想中的模樣。我們大部分人都會意識到自己並非十全十美，而是擁有大大小小缺陷、尚有不足之處的人。此時，人們會在人際關係中，將自己無法接受的缺陷拿來和他人比較或開始嫉妒他人，令自己的情感被自卑所驅動。與其承認他人擁有自己所沒有的才能，人們會先拿他人跟自己比較，接著進一步貶低自己，或是在別人身上雞蛋裡挑骨頭、百般刁難，然後給出極低的評價。在這種情境中，對方不再是與我一起分享生活經驗的對象，而是變成了競爭與比較的對象，因此只能維持著膚淺而表面的關係。

事實上，要一個人若無其事地用負面話語輕鬆承認自己的缺陷並非易事。比起承認自己從未擁有、並羨慕他人，不如貶低、責怪，才能讓我們感覺到對自己傷害比較小。此外，人總是把責任推到他人身上，會把自己與對方比較後所產生的忌妒心，歸咎於「對方也嫉妒自己，才會發生互相攀比的狀況」。像這樣將自己的情感、想法套用在他人身上，錯信對方也擁有相同的想法，這個現象就稱為「投射」（Projection）。舉例來說，當一個人想要購買名牌精品，但現實情況卻不允許購買時，就會去指責那些喜歡購買名牌精品的人「俗氣」，這種非難式的行為就是投射。如果從更加廣義的角度看待「投射」，就是一個人對自己無法寬容，卻也沒有勇氣接受自己的缺點。

我曾收過朋友送的一本書《有錢人想的和你不一樣》，內容是在講述如何成為有錢人的方法。老實說，這並不是我偏好的書籍類型。我對經濟領域的知識著實不足，甚至可以說是無知。書名上寫著「百萬富翁」，然而「百萬」換算起來有多少韓元我都不知道。因此，雖然對於送我禮物的人感到很抱歉，但是我對這本書的態度確實不夠謙遜。我粗略地瀏覽過書封及封底，毫無興致地翻閱了幾頁，隨機翻開一頁便閱讀起來。但是，也許是想給我傲慢的態度一記當頭棒喝，我翻開的那一頁講的內容正好就是當時我需要的東西。是《有錢人想的和你不一樣》裡的第八條，那一章節的副標題是「宣傳自己以及自己的價值」。富人會用各種方法來宣傳自己的價值，並提高自己的價值，但貧窮的人卻將銷售與宣傳視為降低格調的行為，便始終體現不出自身應有的價值，進而難以擺脫貧困。作者指出，那些不願意宣傳自己價值的人會將宣傳行為評為缺乏品格的行徑，並強烈提出這是一種「傲慢症候群」的建言。起初，我心想：「這個指控是不是太嚴重了？」但是讀到下面的段落時，我開始對作者的想法產生共鳴。作者指出，人們認為只要生產出優良的產品，世人就會蜂擁而至、為產品買單，但這僅適用於民眾已經知曉該產品的情況。至此，我也很難反駁作者的意見。因為，我也經歷過這樣的事情：當我看見跟我經營類似領域的人利用社交平台努力宣傳的樣子，曾覺得那是一種降低格調的事情。其實，顧客會主動去了解真正優質的宣傳內容，光是篩選內容就忙得要命。我不願承認自己沒有花心思在宣傳上，而是嫉妒做得比自己好的其他人，這就是一種傲慢與自大。我的羞恥心令我不想曝露自己的無能與缺失，而承認這一點也傷到了我的自尊心，因此我知道自己也患上了「傲慢症候群」。

投射與內射作用息息相關。越是執著於訂下不能違背的道德觀與社會規範，投射在他人身上的狀況就越嚴重。面對自己很想從事的行為，但是被「不能過於顯眼」這個受到內射作用影響的價值觀壓抑著，因此一旦看到他人做出這個行為，自身內在無法被滿足的慾望就會失去控制，進而出現過度敏感的反應。

我來舉一個例子。有個人擔心自己的工作能力在職場上得到不佳的評價，總是為此感到不安與神經質。雖然他處理業務的能力沒有明顯下降，但由於不夠細心，便經常在簡報或簡單的文件上犯下小失誤。依他的經歷，對業務的理解度及處理速度都有失水準，因此主管便建議這個人尋求同事的協助。然而，主管讓他看齊的同事卻是當初同期進公司又相同年紀的人，簡直讓他自尊心大受打擊。後來，他沒能把精力用在自我提升上，只顧著表達對同事的不滿，甚至無法停止詆毀那位同事，指控對方很會討好主管，總是說一些好聽話來拍馬屁，所以才能獲得主管的好感。由於自己沒有獲得認可，所以轉而去貶低受到主管認可的同事，將對方塑造成虛偽的人，進一步激化了對立與衝突。

其實會造成這種僵局，是因為這個人在顯露出缺陷時，無法正視自己，反而用錯誤的信念來看待，認為一切就如他所見，是因為自己不被理解，而且完全被人排擠疏遠，才會導致這種局面。

投射不僅會妨礙我們察覺及滿足自身需求的過程，還會惡化我們與他人的人際關係。不能接受自己的人，也不會受到別人的歡迎。因此我們應該停止對他人的攻擊，先去檢查暗藏、壓抑在自己內心深處的想法及慾望。

承認自己的缺點及短處是一件艱難且痛苦的事情。將慾望投射到他人身上，並藉此逃避責任之後，雖然當下可能會感到輕鬆，但遺憾的是不能解決任何問題。所謂寬容，就是不將責任歸咎於他人，並且接納讓自己感受到不愉快的自卑感，才能達成。

「以我們的關係來說，
這是理所當然的。」

融合

以前我們全家要出遊時，我和先生、女兒都會穿上同款的T恤。那時候，女兒對於跟父母一起穿親子裝並不會有什麼排斥，甚至可以說是非常喜歡。但女兒上了國中之後，卻徹底拒絕做這件事。我也清楚按照青少年時期的發展特徵，孩子們所當然會想要追求自己獨立的思考，但我只要想到女兒已經長大，心中便感到些許遺憾。

父母與子女的關係之間自然會存在著期待，以及不能滿足期待時的失望及遺憾。但是在某些情況下，當一方覺得憤怒又厭煩，另一方覺得充滿內疚與罪惡感，彼此的心靈都會受傷害。這與心理發展過程中發生的互動無關，父母及子女會在無意識中被「應該要這麼做」的約定驅使，而這也變成大家理所當然要接受的結果。

有一位已經結婚三年的女性前來諮商。第一次來諮商時需填寫申請資料表，她在家庭關係欄位中只寫上原生家庭的父母，並沒有填上配偶的名字。當我問起她是否為未婚人士時，她才開始填寫關於配偶的內容。雖然她在結婚後組建了自己的家庭，但是內心與原生家庭的連結緊密程度依舊跟婚前一樣，對娘家母親的感情尤其深厚。在她的觀念裡，生活中的一切都要跟母親分享。之所以前來諮詢，也是基於這個理由。最近，她發現自己在成長過程中受到母親深刻的影響，並因此開始感覺現在的生活並不幸福。她提到，自己一直過著母親想要的生活。比起傾聽自己的心意，她總是選擇母親想要的事物，把母親的情感及慾望當成自己的感受。雖然這是自己的人生，但是她卻感覺不到自己生活的痕跡，這股空虛感逐漸增強，於是她才決定進行諮商。來到這裡，她想確認自己是不是被母親用「煤氣燈」方式對待。

「我們母女倆一直都是形影不離。無論什麼事情都要一起做，如果不這樣就會覺得彆扭。」即使只是買一件物品，也會不加考慮的多買一個相同的。即使只是去旅行，同行者也理所當然都是母親。如果母親沒有按照這個模式，她就會對母親感到失望，同時會覺得氣憤；如果是自己沒能遵守，自己的心情也會變得不舒服，腦海中甚至還會浮現「妳這樣還算是個孝順的女兒嗎？」的想法及罪惡感。雖然一開始只是依照母親的要求及指示做出各種決定與行動，但是隨著時間的流逝，母女倆逐漸適應了這種模式，她也習慣跟母親待在一起，兩人相處的時光讓她覺得很舒服。小時候，她母親遇到不順心的事情，都會把身為長女的她當成傾訴對象，連瑣碎的細節都講得鉅細靡遺，她覺得自己簡直就是母親的情緒垃圾桶。母親在岌岌可危的婚姻生活中感受到的痛苦，過去的她也必須原封不動地承受，因此無法拒絕母親對她流露的感情。母親哭的時候就兩人一起哭，母親笑的時候便兩人一起笑。然後，結婚之後她的先生問了她一個問題：「妳會跟我一起住嗎？還是跟媽一起住？」起初，她以為先生只是羨慕她們母女倆的關係十分親密，才故意提出這個可愛的牢騷。然而，當她發現她先生是非常認真地提出問題時，她才第一次發覺母親跟自己的關係可能有些奇怪。這麼一想，她才意識到自己從未提出跟母親相左的意見或選擇。

如同前面介紹的這位諮詢者，關係緊密的兩人不願承認彼此的差異，這種情況被稱為「融合」（Confluence）。事實上，要身為不同個體的兩個人每一次都產生相同的情緒、想法或慾望是不可能的事情。但是，關係處於「融合」狀態的人會認為意見一致是理所當然，並對此感到習以為常以及充滿了滿足感，所以總是想要追求相同的事物。這也代表雙方不能遵守彼此之間的界線，一直在侵犯對方的領域。在「我們」這一把保護傘之下，「融合」會在彼此遵守默許的約定時，提供我們安全感與滿足感。反之，不能遵守約定的人當然就會被罪惡感折磨。「融合」透過「遵守約定」以及「破壞約定時產生的罪惡感」變得更加堅固，而罪惡感則是妨礙我們發揮寬容的強力刑罰。

對各位讀者來說，「遵守界線」大概是一個概念有些模糊的詞，一時之間想不到這是什麼意思，但這其實是在心理諮商領域中經常被提及的概念。亦即「遵守彼此的『界線』（Boundary）且不恣意侵犯」，也就是尊重每個人各自感受到的情緒、慾望以及想法。反過來說，如果一個人不重視個體的情感、需求或是想法，而在一段關係中被具有力量的那一方主導感情與需求，那麼這個人就可以說是「沒有遵守界線而受到侵犯」的狀態。

舉個簡單的例子，我們可以回想起有一段時期，父母給我們什麼食物，我們就吃什麼；父母選擇什麼衣服，我們就穿什麼；父母命令我們做什麼，我們也就照做。就連我們在這個過程中感受到的情緒，全都變成「按照媽媽說的話去做，是不是很開心？是不是很幸福？」此外，父母也會干涉許多人生重要的決定。像是面對想要念哲學的小孩，父母會說服小孩去讀理工科系，因為理工科系畢業的人可以從事比較有發展的職業，變成父母在選擇孩子的未來志願。或者在選擇配偶的時候，完全聽從父母的意見。在這些過程中，完全排除了當事人的個體感情、想法及慾望。但若拒絕了父母的選擇，罪惡感的刑罰就會不斷湧現。

回到前述的那位女性諮商者，當她理解雖然她過的是自己的人生，卻從來沒有選擇的餘地時，內心便感到空虛無比，這是在經歷與母親多年「融合」關係之後自然會有的感受。值得慶幸的是，她的先生能夠客觀看待兩人的關係，並對她直言不諱。一般來說，當雙方生活在同心同體狀態的「融合」關係中，大多數人不會注意到自己無法遵守彼此的界線。一直以「成雙成對」的形式綑綁在一起，雖然偶爾會感覺到不方便，但不會因此感受到巨大的壓力，所以多數人才會無法意識到問題的存在。相反地，當這些人感覺到彼此切割或分離時，反而會感受到更加巨大的不安、恐懼與罪惡感。此外，當一方做出違背另一方意志的行為時，被違背的一方也會感受到壓力，並且出現煩躁與憤怒的情緒。

在所有關係裡面，「融合」並不是被創造出來的，而是在那些更加密切的關係中經常出現，例如父母與子女、夫妻或是多年老友。在「融合」關係裡，最大的問題就是不知道彼此正在束縛對方，因此最重要的事情就是察覺、並承認自己與特定對象存在融合關係。對此，完形心理治療創始人皮爾斯則是建議我們進行下述的實驗：

第一步，先回想一位做出某件事而讓你感到內疚或是煩躁的對象A（假設是你的母親）。然後再去想像一下，如果相同的問題發生在第三人B（假設是你的朋友）的身上，但是卻沒有產生任何特殊的感覺，那就可以判斷自己跟A正處在「融合」關係之中。

實驗

①本來跟母親約好週末要出去吃飯，但是由於身體不舒服，只好往後推遲了這次的約定。這個結果讓自己無法面對媽媽露出的遺憾表情，讓媽媽失望的罪惡感也湧上心頭。

②但若以同樣的理由取消跟朋友的聚會，就不會陷入罪惡感中。

③我跟母親也許正融合在一起。

得知自己與特定對象處在融合關係中，並發現自己在這種關係裡會漸漸失去個體性時，人們通常會感到憤怒、極度挫折，或是陷入深深的憂鬱。有時，這些人會開啟投射的防禦機制，將所有責任推卸給融合關係中的對方，然後選擇成為滿懷怨恨、憎恨的人。這位女性的諮商個案就是如此。

「我現在之所以感到不幸福，都是因為我媽媽」、「我以前只能按照媽媽說的話去做」、「只要媽媽說好的東西，我就以為真的很好」、「我以前覺得媽媽的感覺就是正確答案。所以，我自己的感情及需求變得不重要。」

我們偶爾會覺得自己此刻經歷的痛苦是由某人造成，只有自己一個人是受害者。但是，阻礙自己有所察覺以及行動變化的因素與他人無關，能夠控制這些變因的都是自己。「融合」也是相同的道理。

慶幸的是，這位女性諮商者本來一直透過「投射」埋怨不止，後來開始慢慢練習找回屬於自己的感情、想法及慾望。在這個過程中，她也發現讓自己感到不安、內疚的主因並不是母親，而是自己的想法。事實上，只要從融合關係中脫離，就可以追求自己的需求。

現在，讓我們開始察覺自身內在壓抑許久的真實情感及慾望吧！當我們按照對方的要求做出行動時感受到的情緒，哪怕只是微乎其微的不舒服，也不應該故意視而不見，而是去尋找造成這種心情的原因。接著，當我們在拒絕對方的要求時，必須坦然接受席捲內心的不安與歉意，並且確實拒絕對方。如此一來，自己的需求才能被滿足，得以找回人生的活力。

「對別人開不了口的要求，
卻拿來要求自己……」

回射

「造成這種結果，大概是因為我身為組長，卻沒有好好發揮組長的作用，組員也因為我而遭受不少痛苦，所以心裡都覺得非常不愉快。我一直覺得過意不去，所以經常睡不著。」

來找我諮商的這位諮詢者，和同事在工作上經常被主管刁難。由於他是團隊的組長，一直背負著應該保護組員的強烈責任感，也因此會在自己身上追究責任。他無法停止責備自己，總是告訴自己：「沒有盡好職責，所以對我自己感到生氣」、「我不能當個軟弱的人，我要在組員面前展現出克服困難的樣子」、「我不能給大家製造麻煩」、「我沒有解決問題的能力」、「我是一個對團隊沒有任何幫助的人」。這種指責的話經常會再次與罪惡感有所連結。甚至可以說，這是罪惡感在對自己發火。他把那些應該對主管表達的不滿、以及應該從組員那裡得到的加油打氣，全部轉移到自己身上，而不是應該獲得的對象。

像這樣無法坦率做出內心想對其他人做的行動，反而把這些行為加諸在自己身上，抑或對自己做出希望他人對自己做的行為，就被稱為「回射」（Retroflection）。「回射」表示比起與其他人互動，當事人會選擇將自己當作行為的對象。就像上面提到的諮詢者，面對給予自己及組員不合理對待的主管，他本應該向對方表達憤怒，卻因為害怕報復或處罰而無法表達，反而將這些情緒轉向自己。這時，當事人體驗到的情緒就是羞愧感。他們會認為「是我沒有做好分內的事情，團隊才會出現問題，我也沒有能力調解跟主管的矛盾」，並深陷罪惡感之中。這種羞愧感可以視為憤怒回射後的產物，因此被稱為「回射的憤怒感」，同時也有一種說法叫做「回射從憤怒開始」。

無論是誰，只要在放棄或壓抑自己慾望的時刻，內心都會受到傷害。倘若一直反覆這個過程，我們就會開始產生脾氣，接著在某個瞬間變成一種習慣。也因如此，我們將憤怒歸類在「未能解決的感情」中，當憤怒不斷累積，就有可能出現回射，進一步造成憂鬱症。諮詢者希望自己在組員眼中是一個能幹的好組長，但是卻沒辦法好好應對為難組員的主管，因而漸漸感受不滿與憤怒的情緒。然而，當我們把所有責任攬在自己身上時，又會陷入羞愧感湧現的泥淖，讓我們只能呼喊著「快崩潰了」，變得更加憂鬱。

若是無法被滿足的憤怒情緒受到壓抑，充斥在我們的內心中，就會使我們無法好好體驗日常生活中經歷到的各種感情，這也可能成為導致憂鬱症的原因之一，使自己感覺像個失敗者。

我曾經碰過一位女性，她全身上下都是名牌，擁有無懈可擊的華麗外表，當她出現在眾人面前時，所有人的視線都會集中在她身上，她本人似乎並不厭惡這樣的注目。她喜歡自己成為聚會中的主角，彷彿藉由這些受到矚目的片刻，就能夠確認自己的存在。問題在於她表面上似乎對一切都很滿意，內心卻感受到深深的空虛。於是，她越來越重視自己的外表。此外，她還會把「我覺得自己總是孤獨一個人」、「總覺得自己的存在並不是非常重要」、「我先生不愛我」、「我覺得自己像一個空殼」等等的話掛在嘴邊。她堅信其他人都不喜歡自己，包括她的先生在內。

婚姻生活邁入第六年，她與先生之間並沒有出現太大的矛盾。但是，自從開始新婚生活，她們夫妻就各自睡一間房，她先生幾乎沒有辦法給她感情上的安全感。我覺得她看起來十分孤獨，也給人一種隨時會崩潰的感覺。

就像這位女性一樣，有些人若無法從別人身上得到關心、愛情以及愛的需求，就直接放棄要求對方，而是選擇自己照顧自己，利用名牌衣服、鞋包、汽車等更加昂貴的物質來填補內心的空虛，因為當事人不想讓自己顯得落魄。反過來說，這就表示當事人認為，倘若剝除那些包裹著自己的華麗物質，就只剩下寒酸落魄的自己。這些否定自己、指責自己不受歡迎的行為，最終會讓自己成為一個自卑的人。

做出「回射」行為的人會藉由與身邊他人以及環境的互動，壓抑那些自然產生的感情或慾望。由於「回射」是只跟自己本身有關的現象，所以不僅會引發憂鬱症，還會伴隨著慢性頭痛、胃痙攣等消化系統疾病、呼吸系統疾病等各種生理上的緊張與疼痛。

儘管如此，仍然有許多人無法擺脫伴隨著心理痛苦與身體疼痛的「回射」行為，箇中原因又是什麼呢？這是因為，這個行為對自己而言很熟悉。換句話說，就是害怕經歷新的事物。

一位曾經一直被主管找麻煩的小組長就經常提起自己的個性：「我本來就比較能忍，我的原則就是，儘量不要做出讓彼此尷尬的事。」他認為，雖然要忍受職場主管的語言暴力是一件很辛苦的事情，但是直接表達抗議或是向勞工仲裁機關舉報也需要勇氣。因為，他也會擔心可能出現對自己不利的結果。我只為他感到遺憾，因為依照他過去的經驗，他也只能這麼想了，我完全能理解他的苦衷。

在職場上，他沒有遇過好主管。在現在這份工作之前，他曾經換過一次工作。當時在前一份工作中，他曾經對主管不適切的要求提出反對意見，然而不但沒有被接納，反而被歸類為組織中適應能力低下的人，因而被調到其他部門。雖然他對這個完全沒有預料到的人事異動很生氣，但是也對此無能為力，因此讓他對人與組織的信任上產生深深的裂痕。

而前述用名牌妝點自己、以彌補對伴侶不滿的那位女性，也是面臨類似的問題。她覺得身為一個女性，坦率說出自己期待伴侶的關心與愛意是可恥的行為，同時也是傷害自尊心的事情。她並不習慣向別人索求自己想要的東西。她的父母親總是很忙碌，在家裡，她不被放在優先順序中，因此在那個時期，從學校上課時需要用到的物品到每一頓飯，她都必須要自己準備。比起向他人提出要求，她更習慣自己尋找解決之道，這種模式在面對她先生時也是如此。她平常說話的時候，也會擔心被她先生拒絕，或是讓夫妻關係出現裂痕。此外，她心裡還深深烙印著「我一點都不討人喜愛」的想法，因此空虛感佔據了她內心深處的某個角落。

值得關注的一點是，上面提到的這兩位諮詢者都想藉由「回射」的行為來關照自己。只是，他們並不知道這會成為他們的毒藥。他們選擇做出「回射」的行動一定有其原因，然而就算當初原因出在環境，但讓這個行為一直持續到現在的並不是環境，而是他們自己，這是他們必須接受的事實。

回射的另一種形態，就是自卑感。如果想要停止對自己的指責，並不再陷在自卑感當中，就應該把那些對自己說的話語傳達給對方。這時，我們最需要注意一點，就是不要讓誠實說出的想法及需求變成激化矛盾的導火線，我們必須選擇適當的語言表現方法。因此，當諮詢者來到我的諮商室，我會請他們不要一開始就直接跟對方說真心話，而是將玩偶或空椅當作想像的傳遞對象，先練習如何自然地表達想法，同時尋找適當的表達方式。

我要求那位被主管找麻煩的組長，想像主管就坐在空椅上，然後向主管提出評價與指責。過了一會兒，他開口說道：「你完全沒有做主管的資質」、「如果沒有你，我們的團隊合作肯定會變得更好」、「你對團隊沒有任何一點幫助」、「我在你身上根本學不到任何東西」、「公司讓你這樣的人當主管，真令人感到丟臉」、「完全搞不懂你是不是真正有能力的人」。接著，他連續嘆了幾口氣。我問他說完這些話之後有什麼想法，他回答道：「如果對方直接聽到這些話，應該會受到很大的衝擊，並且感到非常挫折。」

於是，我又問他：「你是不是經常在哪裡聽見這些話？」他沉默良久，眼眶逐漸泛紅，接著眼淚就掉了下來。「說這些話的就是我啊。」

實際上，如果讓那些深陷自卑、不斷對自己做出「回射」行為的人去評論、指責他人，他們就會輕易察覺到這段時間向自己拋來的指責就跟自我虐待一樣。利用這個方法，我們可以修正自己的行動方向，將想要表達的感情傳達給正確的對象，同時考慮到這些情緒應該要表達到什麼程度才適當。

如果諮詢者對於這種實驗及表達感到害怕，也可以嘗試看看能否靠自己化解「回射」的感情表達或是感情淨化法，也就是利用語言表達或身體動作來表現被壓抑的感情——戲劇治療或藝術治療等，這些有專家共同參與的集體諮商就是代表性的例子。

幾年前，在一場戲劇治療的活動中，我認識了一位容易自責的參與者。這種治療就是在專家的引導下，參與者像是進行單純的遊戲，在一條長布的兩端拉扯著，一邊抓著布條，一邊痛哭失聲喊道：「為什麼要這麼執著！拜託你快走開，快離我遠一點！」那個容易自責的參與者渾身都被汗水浸溼了，即使沒有經歷長時間的諮商治療，他也如同在吐露壓抑的感情，這個場景讓我非常感動。他跟我坦言，當時正因為看見其他參與者支持的眼神，他才能鼓起勇氣這麼做——沒錯，在這種淨化情感的治療過程中，最重要的一點就是當參與者用語言表達壓抑許久的負面情緒及慾望時，在場能有無條件給予理解、接受這些情緒的支持者。一旦有了支持者的鼓勵，停止「回射」行為的勇氣就會倍增。

淨化感情的三要素

習慣性壓抑自己的人，通常不懂怎麼用語言表達憤怒、悲傷、恐懼、羞恥心等鮮明的情緒。因此對於這些人來說，擁有「即使表達鮮明的情緒也不會發生任何事情」的安全感非常重要。增加心理安全感需要「安全的對象、安全的場所（情況）、安全的方式」三個要素。

- 安全的對象：無論自己說了什麼話，都不會指責自己的人。
  例：有著信賴關係的熟人、諮商師等。
- 安全的場所（情況）：沒有任何言語及行動的限制，可以自由表達的場所或情況。
  例：一個人的空間（車內、房間裡、諮商中心等）。
- 安全的方式：清楚表達情緒也不會受到攻擊的方式。
  例：對著空椅說話、敲打報紙，對著人偶說話等。

「別人會怎麼看我？」

自我意識

如果要我說自己是個什麼樣的人，我大致會做這樣的總結：一般來說比較平靜、盡力不去感情用事、幾乎不太會生氣……但是在前一陣子，我卻在自己身上發現一件有趣的事：原來，在我努力控制情緒的同時，心中偶爾也會覺得委屈：「為什麼只有我在忍耐呢？」每當這種時候，我也總是會這麼評價自己：「我太糟糕了！我還是心理諮商師呢，竟然會這麼生氣……」但後來在一場諮商研討會上，我見到超級顧問金永基教授，很幸運能針對這個問題向他請教，他也很大方地給了我回應。

「當然，解決負面情緒的核心是從自己的內部著手，透過自省或其他方式負起解決問題的責任……但是，如果會引起負面情緒的原因，是因為對方過度侵犯到你的界線，那就應該勇於拒絕或抵制。否則，對方就會把你當成軟柿子。」

這段話令我感到十分震驚。軟柿子、軟柿子、軟柿子……這個詞語一直迴盪在我的耳邊。與此同時，我想起一直以來把我當成軟柿子一般使喚的人，不禁苦笑了起來，然後不自覺地點了點頭。「這樣啊，原來我是一個軟柿子。」

「那我應該要說出『不要』嗎？」

「沒錯。」

「好的……但是那麼做的話，就會跟對方拉開距離，而且對方是不是會覺得受傷呢？」

「哎！看看你自己。現在又開始先照顧對方的情緒，而不是自己的感覺。」

「啊，原來這是我的老毛病啊⋯⋯」

我就這麼呆滯了好幾秒鐘，但是頭腦也在此時清楚多了。不過，這並不表示從此我就可以毫無顧忌地拒絕令人不適的要求，並且說出我的真心話。只是心裡出現一種感覺，就像是把壓抑的感情殘渣從泥潭裡撈起來一樣。「軟柿子」並不是讚美之詞，但這三個字讓我突然感到振奮！我想，這就是我的自我察覺發揮了作用吧。

其實，在身邊的人眼裡，我的個性與外表挺反差的，但大致上多數人都認為我有自信、活潑且目標明確。然而，在和我要好的親朋好友口中，我其實是一個膽小鬼，個性十分謹慎且容易做出迴避風險的選擇。無論如何，在前者的情境中，我主要是希望他人能夠給我多一點寬容，所以努力表現得不辜負他們的期望。為了做到這件事，我總是必須做到最好。不僅如此，我對自己的這種期待和評價經常在日常生活中反覆出現。

六個月前，我人生第一次開始接觸網球，也許是因為每週只上一、兩堂課，所以我的網球實力沒有提升，一直在原地踏步。尤其最近開始練習正手拍、反手拍的交替接球，但一切都不如想像中那樣輕鬆。於是，網球教練對著苦苦掙扎的我說道：

「不管球會飛到哪裡都無所謂，拿出妳的自信來打球吧！」

後來我才發現，我先入為主的想法是，只有先把網球技術提升，才能夠好好應對接下來的每一球，由於每一發打過來的球都不會準確落在我的位置，因此我打球時非常小心翼翼。這樣緊張的心情令我的肌肉也變得緊繃，讓我打出去的球往四面八方亂射。面對這樣的我，網球教練提出更仔細的說明：對於剛起步的新手來說，不需要任何策略，也不必擔心後攻的問題，最重要的是熟悉打球的感覺。換句話說，我擔心的事情對於初學者來說，都是完全沒有必要的。教練接著又補充說道，從進入球場的瞬間到比賽結束為止，這個球場的主角只有我一個人，所以我不用看別人的臉色，可以盡情使用整個球場。這裡是除我以外誰都不能侵犯，屬於我界線的明確空間。

根本沒有人要求我必須打得好，也沒有人責備我打得不好。那麼，當時我到底是在看誰的臉色呢？即使根本就沒有評審，我卻總是謹言慎行、察言觀色，也許我自己才是那個嚴厲的評審。那些我想迎合的表現也不是他人的期待，而是我自己的期待。人怎麼可能總是、永遠、無時無刻都是完美的呢？

就跟我的狀況一樣，我們四周有許多過度重視自己或他人評價的人。

「我是那種很在乎別人看法的人。我很想改掉這種個性，但是非常不容易。我想從他人目光的禁錮中獲得自由，卻始終做不到，這讓我覺得很不愉快。」

「當我犯錯的時候，別人都是怎麼看待我的呢？會不會覺得我是一個笨蛋呢？還是根本不在乎我呢？我總是會出現這種想法。雖然大家都說，失誤就當作一個教訓就好，下次別再犯就可以了，但是我就是會一直想起來，所以覺得很痛苦。」

「仔細想一想，我其實很容易被別人的情緒左右。我的情緒總是受他人情緒的影響，所以一下子突然變壞，一下子又突然變好……我總是受別人影響。」

對別人反應很敏感的人，會過度在意自己一些細微的行為，甚至會過於執著和擔憂人家如何看待自己；就如同一直被別人監督著，這類敏感的人也會不停地觀察、評價、約束自己，簡直完完全全控制了自我。當然，若是要他們與人輕鬆交談，或是坦率表達、化解自己的慾望與情緒，更是非常困難。為了逃避他人的評價或辜負別人的期待，他們會迴避與人互動，以免成為焦點、受到關注，這就是不停對自我進行審察與監督的「自我意識」。自我意識強烈的人，是絕對不可能對自己寬容的。

我就是這樣的人。無論身處什麼情況，總認為成人應該要有負責任的態度，只有這樣才算具有成熟人格的人。這個想法佔據我的腦海，我始終想要給出超乎眾人期待的成果，因此不可能放下心中的擔憂與緊張。雖然我也知道，其他人並不會像我一樣，期待或幻想一個完美的結果；他們會盡力而為，但也會在適當的時機放下。不過對我來說，所謂的「適當的時機」永遠都像是個卑劣的藉口，也是我絕對無法妥協的部分。倘若把「適當的時機」放在第一順位，我就會害怕被說成是「一件事都做不好的人」。會這樣大概因為是我開始在外面講課，也就漸漸對他人的指責與批評感到恐懼。實際上，每次上完課之後，收到學生對課程滿意度問卷是講師的命運，要完全不在乎也很困難。我行動之前總是先考慮到課後的評價，所以在不知不覺間，即使是在平常的人際關係中，我也沒有辦法感到舒適自在。

此外，這跟我的自我意識逐漸增強也有關係。在日常生活裡，我的自我意識變得激烈的時刻通常跟我婆婆有關。例如，婆家規定在春節和中秋節，每一個人都必須穿上韓服。我結婚時的嫁妝——一套定製韓服——已經穿了十六年之久。雖然好朋友都會開玩笑說「這套韓服的本錢賺回來了」，但是對於我來說，這並不是一個穿脫韓服的簡單問題。歷經十六年歲月的韓服布料早已破舊不堪，幾年前我還曾經試圖將殘破的腰帶拉緊繫上，結果便是以斷掉收場。當然，現在還是補補縫逢後繼續穿著。「韓服到底有什麼了不起」這句話一直梗在我的喉嚨裡，卻始終無法將任何意見說出口。去年的節日，我用結婚三年的親戚沒有把韓服帶回來當藉口，順理成章地免去穿韓服的流程。然而，我卻成為唯一被婆家人找碴的人。我不願意把事情鬧大，所以什麼反抗的話都說不出口，只留下那天回家之後心情盪到谷底的記憶。這件事微妙地跟我在網球中學到的東西聯繫在一起。我在練習網球時，經常無法判斷什麼時候要用正手拍或反手拍，並在兩者中間猶豫不決。在諮商的場合以及與婆家人相處的過程中，我這種遲疑畏縮的姿態也展露無遺。

不知從何時起，我成為即使面對難以接受的事情，也無法堅決拒絕他人要求的人。我害怕對方會感到失望——更加準確地說，是害怕失望的對方討厭我或拒絕我，甚至責備我。為了不被其他人發現我想要拒絕的慾望與不愉快的情緒，我小心翼翼地壓抑著一切。但是我的指導教授說，如果我繼續用這種方式滿足他人的需求，最後可能就會變成大家眼中的軟柿子，我非常後悔為什麼自己選擇這種應對進退的生活方式。

任何事情都有新手時期，那個時期的我們會經歷許多錯誤的嘗試，並逐漸成長茁壯。但是，如果一個人的自我意識過強，就會把錯誤的嘗試當作失敗與挫折。這些人相信，失誤是不能被容忍的。我對網球的態度就是這樣。這不見得只跟工作成就有關，在人際關係上也是同樣的道理。不同個體的人聚在一起時，各自對彼此的期待必然各不相同，不斷碰撞出或大或小的矛盾與衝突也是極其自然的現象。但是，如果要像純度百分之百的黃金一樣，不能發生任何衝突對立，只想追求百分之百的完美圓滿，並執著於解決所有問題，那麼被壓抑的慾望與感情勢必會越來越緊繃。雖然也可以說是自己強烈渴望他人的認同，但是準確來說是因為「對自己強烈的自戀」，因此甚至在人際關係中也想要追求完美、完全解決所有問題。

像我這樣自我意識強烈的人，會在行動前先經過自我審查，確認這個行為是否適切合宜。只會表現出理想的行動，如果我判斷這個行為不合乎理想，就會壓抑、控制自己不做出這個行為，以免暴露在其他人前面。被壓抑的慾望與情緒沒有被化解，也無法實際表現出來，只能隱藏在心中的某一角落，進而變成毫無寬容可言的監察官。

我一直以為，與其自由自在地表現後，再被他人拒絕或否定，不如就先用理想的評價與審察尺度來要求自己，才能夠給我更多的安全感。

我在節慶的日子裡，即使對婆婆有所不滿，也沒能明白展現出厭惡，這是因為我會要求自己，身為一個媳婦，不僅要完美做好自己的本分，也應表現出成熟的態度。有句話說「如果不採取行動，就不會發生任何事情」，我內心也有一股強烈的想法，希望自己是個穩重、可靠的人，無論發生什麼事情，都能表現從容、應付得當，並且不會造成任何問題。

為了擺脫內心的監察官，我必須抵抗想要觀察他人臉色、追求完美的自己，並且嘗試否定自己這樣的面貌。另一方面，我也必須放下自己的執著，告訴自己「維持現狀也沒關係」、「就這樣吧」來接受此刻已然實現的事物，並全盤接受現狀、感到知足。事實上，我們應該要期許自己擁有「區分可以改變的東西，與不能改變的東西」的智慧。最重要的是，正確了解自己所處的狀態及環境，依靠自己來做出最適合自己的選擇。

「反正一切都是白費力氣，
根本沒有意義！」

折射

諮商師：「您講完那句話之後，心裡有什麼感覺呢？」
諮詢者：「很受傷，也很生氣。」
諮商師：「您覺得現在的自己怎麼樣呢？」
諮詢者：「既可悲，又可憐。」

在諮商的過程中，諮詢者會經歷到自己也想像不到的各種情形與情感。體驗到過去長時間迴避的不適情感，他們當然會感到惶恐不已，但是大多數的人還是會努力感受自己所有的情緒。不過，偶爾一些諮詢者會用冗長的句子來說明自己的感受，模糊諮商的焦點，或是無緣無故地嘻笑，或是迴避眼神視線，切割自己的情緒，同時也讓自身感覺鈍化。這是因為他們沒有辦法直接感受自己一直以來迴避的不安、悲傷、憤怒、緊張感等令人不舒服的情緒，也沒有信心可以承擔後面即將發生的事情。為了不被自己的情緒壓倒，於是便急忙牽拖其他事情，或是做出毫無關聯的行動。利用這種方式，他們可以在那些不適的情緒中保護自己，我們可以看見這些人為了逃避而表現出的適應反應，這就被稱為「折射」（Deflection）。如同「人生遠看是喜劇，近看就成了悲劇」這句話，表現的是一種想要迴避近距離正視情緒的心理。因此，「折射」既是一種防禦機制，同時也是適應機制。

在諮商或講課時遇見的人中，有不少人在生活中會刻意阻斷自己的情緒。對他們來說，感受自己的情緒，為此停下來思考，並且談論這些話題是在耗費精力，在某些時候甚至是一種奢侈的浪費。換句話說，只要不表露自己的感情，彼此就不會產生衝突，也可以減少在人際關係中讓人不愉快的情況。所以當然要盡可能阻斷情緒，只有合理且有效率的想法才有意義。然而，使用這種「折射」形式的人又會告訴我另外一番話：「沒有什麼事值得大哭大笑，雖然對我不會產生什麼影響，但就是有些單調。總之，就是很無聊。」情感通常會伴隨著一種強烈而激動的能量傳達到我們的感官。而我們感受到的激動情感有時會以憤怒的形式表現出來，有時則會以緊張、悲傷或快樂等等的情緒展露。我們的人生也是一本包含了「喜怒哀樂」的大書，這些情感沒有一種可以被排除、消滅，因為所有的情感本身就具有充分的意義。刻意在自己的意識中阻斷情感，就等同在自己的人生中挖出一個空洞。這個空洞會讓我們漸漸變得麻木不仁，與他人建立關係也只會淪為一種手段。

一名男性在相親之後收到對方發來的簡訊。相親的過程並不愉快，因此即使還沒看到簡訊，也能猜到對方會寫出什麼內容。果不其然，這封簡訊的內容與他的猜測相差不遠，甚至還寫了一些讓人有些不快的敘述。但是，這名男子確認完簡訊後，並沒有刪掉，反而更加仔細反覆閱讀。朋友鬱悶地問道：「這些訊息看了也只是白白難過，為什麼不乾脆直接刪掉呢？」

這名男子便這樣反駁朋友：「不，應該要堅持把內容仔細看完。只有堅持做完這件事，才能夠真正克服它。」

這是電視劇裡的劇情。雖然在電視劇中被拍成搞笑場面，但是我們把這段劇情跟「折射」連起來想想看吧。首先，這世界上一定有人跟這名男子一樣，面對即使寫著令人不愉快以及可能讓自己痛苦的簡訊，也會為了確認事實一字不漏地讀完。相反地，也肯定有另外一種人是這樣，即使不必確認也知道肯定令人不快，所以就乾脆當作自己看過了，沒有實際讀過就直接刪除。那麼，如果是我的話，我會怎麼做呢？此外，不管我選擇哪一種，這對我未來即將展開的無數人際關係、相遇與戀愛會有幫助嗎？正如大家都能猜到的答案：知曉事實會讓自己不愉快，但依舊會認真觀察本質的一方，肯定會對未來更有幫助。因為，我們曾經歷過的心理矛盾與混亂不會因為時間流逝而自動解決，也不會因為裝作不知道而自行消失。無論是什麼樣的問題，倘若我們要理解、解決這個問題，就絕對不能逃避事實，面對問題核心是必要的過程。

倘若一個人的支出超過了收入，過度使用自己的信用卡，還因為害怕看見信用卡帳單上的數字而故意置之不理，那就會讓家庭經濟的惡性循環永遠無法好轉。這種狀況不一定侷限在讓人不愉快的感覺，同樣也適用於積極的、心滿意足的情緒上。例如，如果是在一場重要考試中合格，或是得到了喜歡對象的祝賀，也仍然不能坦率表達自己感情、阻斷自己情緒，就無法在生活中好好體驗人生的喜樂。

阻斷自己「察覺」的人有一個共同特徵，就是倘若有人向他們提問題，這些人會迴避回答，還總是模糊焦點。這類型的人在進行諮商時，也總是會先給出否定的回答，幫自己豎起一道防火牆。

「您通常都是怎麼緩解壓力的呢？」

「不知道，不會特別做什麼事。」

「您有可以一起分享彼此工作壓力的同事嗎？」

「我一個人獨處比較自在。反正也不是跟別人聊天就能解決問題。」

「您下班之後，通常也都是自己一個人嗎？」

「是的，幾乎都是自己一個人。」

「您不覺得孤單嗎？」

「我喜歡自己一個人，這樣反而比較能集中精神。我並不是很在意其他人的想法。」

無論我對這位諮詢者提出什麼問題，對方都會回答自己一個人比較舒服，而且從未感到孤獨過——但真實狀況卻與本人的回答相悖，這位諮詢者之所以前來接受諮商，就是為了傾訴在人際關係中感受到的不愉快。他總是把這些話掛在嘴邊：「只要工作能力優秀，其他的事情都不重要。」「職場上，最終還是要看誰工作能力有多好，這才是最重要的吧？雖然搞好人際關係也會有幫助，但我不覺得這很重要。」他經常在諮商的過程中反覆提起，他認為人際關係並不重要，以及自己一個人比較自在。有一次，他說完這些話便咬緊嘴唇，然後深深嘆了一口氣。如果他說的話是真的，那他就沒有理由為了人際關係而苦惱。他的話語中顯然還有弦外之音，為了讓他能夠客觀看待這個部分，我對他這樣提問道。

「您口頭上說人際關係不重要，結果卻因為人際關係而煩惱呢。」

「其他人不也是這樣嗎？」

「我想聽聽看孝燮您的想法。您本人是怎麼想的呢？」

「嗯……（嘆氣）」

「您現在嘆了一口氣，這聲嘆氣是什麼意思呢？」

「嗯……只是覺得頗可悲，也很讓人鬱悶。」

「誰很可悲呢？」

「我啊。」

「那讓人鬱悶的人又是誰？」

「也是我。但是，其他人不都是這樣的嗎？每個人都說人際關係很重要，但應該不是這樣吧。到最後，大家都只顧自家門前雪。」

「別人不重視人際關係，只顧自己的事情，這件事跟您有什麼關係呢？」

「所以就算有心事，說出來也沒有用。因為大家都只想著自己，把壓力跟其他人分享，對方也不會關心。」

「假設其他人給您關心、傾聽您講的話，情況會有所不同嗎？」

「應該會吧……」

我們分分秒秒都在感受此時此刻的情緒，帶著想要做點什麼的慾望與想法付出行動。然而，一旦切斷了這些事物，我們的感覺就會變得遲鈍，進而越來越難以滿足自身的需求。

我媽媽已經七十幾歲了，她是韓國演歌歌手張民好的歌迷。只要有這位歌手出現的電視節目，媽媽就一定會準時觀看；只要有他代言的產品，媽媽就會無條件購買。某日，我收到媽媽的簡訊。「如果我現在不講出這句話，一定會後悔一輩子。六月五日有張民好、李燦元的演唱會，我真的很想去，會場距離我們家也很近。」一收到媽媽的簡訊，我就立刻把這個消息分享到家庭群組裡。我姊姊、哥哥大嫂還有已經成年的侄子們在一番熱烈討論後，便迅速幫媽媽買了門票，安排好演唱會那天的人力分配以及如何跟媽媽一起移動的各種計畫。

終於到了演唱會當天，卻偏偏從一大早就開始下雨，雨勢一直延續到下午，不減反增。演唱會是在露天表演場舉行，所以我們都非常擔心，不過在雨中看了三個小時表演的媽媽看起來前所未有的幸福，整個人陷入興奮激昂的狀態。就像講述戰爭英雄的經歷一樣，媽媽延續了雨中觀看三小時演唱會的熱情，不停跟大家分享她開心的心情，然後她說：「不過，坐在我旁邊的那個人，都已經來到演唱會了，不跟著一起唱也不鼓掌，就只是安靜地坐著看。真的沒有半點參與感，不是太無聊了嗎?!」

那天，媽媽全身上下都被雨淋溼，待在不舒服的位置長時間觀看演唱會，理論上應該十分辛苦，但媽媽看起來非常開心，因為她享受到那一瞬間感受到的情感。反過來說，在生活中壓抑、杜絕高昂情緒的那些人，即使遇到理想的異性、聽見歡快的音樂、品嘗到好吃的食物、在旅行中看到美麗的風景，也只會冷漠地擦身而過。像這樣逃避生活中遇到的心理矛盾與混亂，藉此阻斷不安、悲傷、挫折等情緒，確實可以成功減少心中的不安，但總有一天要在生活中付出相對的代價。

完形療法創始人佛列茲．皮爾斯說過，表現出「內射」的人會按照他人的期待來行動，做出「投射」行為的人則會將他人的行為投射到自己身上，而處於病態的「融合」關係中的人會分辨不清是誰對誰做出什麼行為。表現出「回射」傾向的人會對自己做出想對他人做的事情，「自我意識」強烈的人則會過分在意他人對自己行為的反應，因此生活在擔心與憂慮之中。此外，做出「折射」行為的人會阻斷自己的情緒，麻木地生活在這個世界上。

事實上，很少有人能夠完全脫離目前為止學習到的六項因素，這些因素妨礙我們進行察覺，並阻撓我們發動解決問題的能量。我在這裡必須坦言，我也分別受到這六項因素的影響，目前依然在面對一堆尚未解決的問題。但是，我相信這個告白會成為我人生變化的開始，希望所有讀者都能像我一樣，發現自己身上的阻礙因素，最終能夠充分享受生活的寬容——就從接受真實的自己開始吧。

PART

03

鞏固我生活重心的接觸心理學

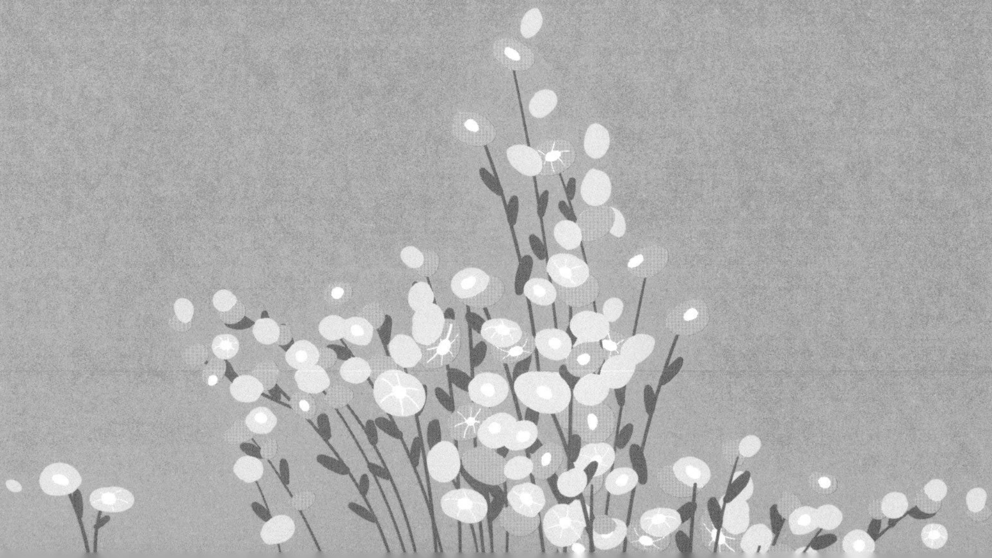

接觸寬容的方法

「如果我們可以比現在更寬容一點，這樣就可以過上更加從容自在，並且不那麼枯燥的生活。」開始有了這個念頭之後，我對自己提出最多的問題是：「我對自己足夠寬容嗎？」而且，如果答案是否定，我就會先思考為了對自己更寬容，應該做出什麼樣的變化。再者，為了完全接納自己本想隱藏的東西，或是對自己感到不滿意的部分，也必須思考自己需要改變什麼。

正如我在第一章中所提到的，我找尋的故事開頭是先察覺到發生在自己身上的現象。由於這時存在著妨礙察覺與洗滌心靈的要素，所以我們可以藉由第二章了解妨礙的要素。現在來到最後一章，我們的工作就是透過行動來滿足自己想要的東西。在完形心理治療中，這種方法被稱為「接觸」（Contact）或「見面」。倘若在日常生活中接觸的時刻增加，就會更加尊重自己的選擇，最終就能到達接納自己與他人的寬容。

完形治療權威金正奎博士在他的著作《完形心理治療》中，將直接影響面對自己與他人的寬容的接觸方式分成三個部分：①與自己的接觸；②人際關係接觸；③與環境的接觸。當然，這三者之間也有著千絲萬縷的關係，所以它們之間並沒有明確的區分，反而會相互牽連並產生交互作用。這時最重要的就是遵守自己與他人的界線，並同時滿足自己的慾望——如果僅通過其中一方的犧牲或強迫來建立關係，並不算是真正的接觸。這麼一來，所謂的考慮我、他

人與環境究竟意味著什麼呢？

不久前，我跟我先生散步回家，途中走進家裡附近的一間麵店。當我們正在等待點選的兩碗麵時，耳邊傳來對面桌子的客人清晰的說話聲。一位看起來七十來歲的老太太，用很沒禮貌的語氣對店員說：「喂，大姐，泡菜！」當然，在這種情境之下，老太太的餐廳服務需求大概能獲得滿足。但是站在餐廳員工的立場，這絕對不是一個令人愉快的情況。自私的寬容只會滿足自己的欲求，卻可能會冒犯到他人。因此，為了能夠做到「接觸」，我們必須先對自己、他人以及環境有所察覺。

佛羅倫斯・佛斯特・珍金斯[9]被稱為史上最糟糕的女高音歌手，而她就是沒有正確察覺情況及環境，過度投入在滿足自己需求的代表性人物。我曾聽過她演唱莫扎特《魔笛》第二幕中的〈夜之女王的詠嘆調〉，即使是毫無音樂知識背景的我聽來，也是一首表現水準極低的歌曲。然而，當事人佛羅倫斯認為底下嘲笑自己的人都是在忌妒自己的才能，而她本人則是對自己的演出非常滿意。最終，佛羅倫斯憑藉熱愛音樂的心與自身的財力，得以在眾多音樂家心中的「夢想舞台」——美國古典音樂殿堂卡內基音樂廳進行表演。從我的角度來看，她不僅沒有對整體情況有所察覺，還是個對自己也完全沒有寬容的人。她不但沒有坦然接納自己的歌唱實力，還把理想中的自己誤認成現實。於是，她身上那套不完整的寬容令她成為大眾的笑柄。

---

9 佛羅倫斯・佛斯特・珍金斯（Florence Foster Jenkins, 1868-1944），美國女高音歌手，以其缺乏節奏感、音準與整體歌唱技巧的歌聲而聞名。她的故事已拍成電影《走音天后》，由梅莉史翠普主演。

過去一段時間裡，我非常沉迷於一部以自閉症患者的律師為主角的電視劇《非常律師禹英禑》，其中有一段劇情令我印象非常深刻。某天，主角禹英禑律師及同事一起幫脫北女性的暴力事件進行辯護，法庭上發生了讓做為證人的醫生不愉快的事情。然而不幸的是，該名證人還是禹英禑所屬律師事務所的重要客戶。因此，一位前輩律師——被稱為禹英禑的辦公室爸爸——便受到同事的嚴厲斥責。雖然整個狀況令他感到有些委屈，但是他並沒有上前爭論。僅僅只是承認自己的過錯，並且安撫同事的情緒。接著在一陣躊躇後，對自己的後輩說道：「雖然發生這些事情，但是不要小看公益訴訟及脫北者事件。即使這些案子不像那些收入數十億的案件，但我們還是一起努力吧。」看到這段小插曲，我認為這個場景非常真實地反映出一個組織裡的人應該做出的選擇與責任所在。在我看來，這位前輩律師是在察覺到此時此刻的現象後，在既定情境之下盡力不委屈自己。在沒有虧待任何人的前提下，他考慮到了自己、他人以及環境之間彼此互相影響的關係，進而達成平衡的接觸。前輩律師是怎麼做出這種選擇的？也許，是因為他確定自己能夠為這個選擇負起責任。

在這個脈絡之下，本章將說明接觸——亦即，一個人為了維持對自己與他人的寬容，並解決生活中難以解決的課題，他應該要怎麼付出行動。讓我們來學習如何把堆積在心底的陳年垃圾一個一個清理乾淨吧！我希望藉由書中介紹的各種方法與實驗過程，讓各位都能找回自己的能力以及存在價值，以成為驅動「自己」付出行動的契機。

第一種方法

用陌生的視角
看待熟悉的事物

你是屬於容易察覺到花開花謝、蟲鳴鳥叫、雨後的樹葉等等自然變化的人嗎？如果真是如此，起碼你不是一個對自己或他人漠不關心的人。因為能夠主動認識周圍環境並不斷與之交流，跟掌握環境中各種事物的存在，這兩者之間肯定具有一定的關聯性。

有一部電影讓我感觸良多，那就是二〇一三年上映的老電影《真愛每一天》，電影描述一名男子擁有穿越時空的能力，而且可以改變過去。這名男子有時候會進入壁櫥裡，穿越到自己不滿意或後悔的日子，並做出與過去不同的選擇，改變自己的未來。電影中插入了許多有趣的橋段，但是在劇情走到後半段的時候，擁有跟男主角相同能力的父親留下遺言般的話語，並把這些內容稱為幸福的公式。這個公式總共分成兩個階段，第一階段就是過好普通平凡的每一天；第二階段就是回到自己活過的日子，再次重新體驗生活。這麼做的重點，就是體驗過去因為緊張與憂心而沒有好好觀察的四周環境，並重新過好一天的生活。

在電影劇情中，男主角的第一次人生只是過得非常忙碌。他必須忍受主管的抱怨，由於不能按時吃飯，使他的生活充滿壓力，即使在工作上獲得一些成果，他也會想成「這種事情誰都會做」，讓自己變成毫無價值的人。他甚至還坦白說道，這樣的日子使他倍感疲倦與辛苦。但是，第二次的人生有所不同。在第二階段，他能夠在主管與同事之間，在不壓抑感情的前提下，將自己的意見適當表達出來。從身邊人們的表情，到每天都會看見的辦公室內裝，他都一一重新體會。得益於此，他看見每個人都在對他微笑，也發現辦公室裡的裝飾品都非常有品味。「這是非常美好的一天。」這是他對第二次人生的評價。

一切並沒有什麼變化。周圍的人與環境也都一模一樣。倘若硬要舉出有什麼地方不同，那就是他真實表現出自己內心感受到的情緒，並且沒有錯過眼中看見的每一樣東西。光是這一點的改變，就讓他對一天的感受出現一百八十度轉變，從「非常疲倦」變成「非常美好」。

「意義治療」的創始人維克多・弗蘭克[10]在他的著作《活出意義來》中寫道：「人生要過得像活了第二次一樣。」意思就是，將自己現在打算做出的行動，想成在第一遍人生中已經遭遇失敗的行動，並創造出有價值的人生。這表示我們要對自己的選擇負責，只要置入電影《真愛每一天》的場面之後，就能更容易理解這句話的涵義。意義治療的理論中，也提出了與此相關的各種方法，我想建議將其當作環境接觸的一種。此時的核心重點是「從熟悉的事物中發現陌生之處」。

我的碩士論文闡述得是活用文學作品進行集體諮商的效果。人們藉由閱讀小說、詩歌、童話故事、圖畫書等文學作品來體驗心理上的復原。文學中有與我的處境相似的主角，並完整敘述了痛苦的生活過程。我們在閱讀文章時，會將主角的經驗當作自己的親身經歷，而我對於自己身處的生活現實太過熟稔，以至於在枯燥的日常生活中找不到什麼新鮮的事物。然而與此相反的是，在文學作品中描述的事物與我的日常生活相似，但是又讓人覺得陌生，所以可以出現全新的解釋。在這個過程中，我們會經歷反省與洞察。

我在出版第四本書後，曾上過一個廣播節目。那個節目是由文智愛主播主持，在節目之間播放歌曲與廣告的空白時間裡，可以進行簡短的對話。文主播經歷了結婚、懷孕及分娩的過程後，辭去了電視

---

10 意義治療法（Logotherapy）的創始人維克多・弗蘭克（Viktor E. Frankl, 1905-1997）是奧地利神經學家和精神病學家。

台的工作，開始以自由業者的身分從事工作。此外，在主持以圖畫書為主題的節目同時，也出版了相關領域的書籍，我跟她見面的那天，她帶在身邊的購物袋裡也裝滿了好幾本圖畫書。她告訴我，她離開了電視台好一段時間，那段時間她非常憂鬱。退出華麗的舞台後，過著平凡生活的自己，看起來既寒酸又渺小。就在某一天，她看到作家金章成的圖畫書《蒲公英就是蒲公英》。書中提到，這個品種的花隨處可見，可以在任何地方扎根生長，但花開的地點及群體並不重要。因為是蒲公英，所以才可以叫做蒲公英。是以，「蒲公英就是蒲公英」這篇文章被她解讀為「文智愛就是文智愛」。一句溫暖的句子，這就是文學的力量。倘若我們把文學作品中的主角比喻成自己，不知不覺中那些敘述就會變成「我」的故事。實際上，如果我們想要解釋自己的故事，就會失去客觀性，但若只是一個作品中主角的人生，就可以沒有顧忌地進行客觀分析。就這樣在某個瞬間，我察覺到這件事反映出我的生活。從我內心熟悉的事物中發現一點陌生，是一件令人興奮的事情，也是令人愉快的接觸。

那麼，我們身邊能夠發現陌生事物的事情有哪些呢？我想推薦一個非常簡單的方法——散步。更準確地說，是認真感受「敬畏感」的散步。正如同前面第二章中，我提到跟兩歲的寵物狗一起散步，進一步感受到敬畏心的小故事那樣，敬畏之情也可以透過家門前散步小徑上的花開花謝來感受，更不用提到遙遠的阿拉斯加極光以及撒哈拉沙漠等雄偉的大自然景象了。事實上，全球腦部健康研究所及加州大學舊金山分校的記憶及老化中心研究小組發表一則研究結果，稱定期在自然環境裡散步有助於提升精神健康。據悉，有五十二名七十五歲以上的老年人歷經八週的時間，每天在自然環境中步行十五分鐘以上，結果這種方法不但提升了親近社會行為的積極度，還減少了壓力指數。研究小組介紹的散步方法並非漫無目的地走路，而是通過身體感覺盡可能去體驗自然環境的一切。觸摸掉落在地上的葉子是鬆脆還是濕潤，集中精力在聆聽周遭的聲音，把樹葉往上方撒出去或是聞聞葉子的味道等等，讓那些受試者經歷各式各樣的體驗。受試者們都如出一轍地表示，他們在雄偉的自然環境中感受到了敬畏之心。研究小組解釋，這些經驗有助於我們把投入自我內部世界的視線轉向外部世界，並且進一步使其擴張。這也是為什麼電影《真愛每一天》中，主角的人生發生了變化。

近來，利用午餐後短暫十分鐘時間來散步的「微型散步」在上班族之間頗受歡迎。雖然沒有投入很長的時間，也不是前往遠方的旅行，但是在這十到二十分鐘左右的時間裡，能夠暫時脫離複雜的人際關係以及堆積如山的工作，輕輕鬆鬆地走路。散步時，呼吸新鮮空氣，轉換不同的心情，肯定對精神健康有所助益。不過，不要只是單純走路，去嘗試尋找一些新鮮、陌生的事物吧！我建議大家從緩慢的速度開始，細細品味散步路上的事物。為此，我們應該避免批評的行為，並盡量看到事物的真實。當我們在觀察自己的心理現象時，也是相同的道理。我們需要擁有「正念」，使我們能夠如實接納心中浮現的一切現象。從我的身體感覺開始，察覺到自己內心的真實想法、慾望及感情，並且毫無芥蒂地接納這些東西，就能體會到對自己與他人深切的憐憫與寬容。

什麼是「品味」？

所謂的「品味」是懂得盡情享受好東西的價值，也就是將快樂與積極的情感最大化。換句話說，專注在此時此刻發生的現象，以愉悅享受的心態去認識並提升生活中的積極情緒。在這裡，有一些重要的關鍵詞，就是「盡情享受、最大化、提升」，其核心思想是，不只要去經歷積極正面的事物，還要盡全力去享受這些東西的價值。舉例來說，當我們吃到美味的食物之後，不只是單純說出「好吃」，而可以換成「哇！真的好好吃哦，簡直就像去到地中海一樣，充滿異國風情的味道耶！」用這種更強烈、更有衝擊力的方式表達。

①慢慢觀察。

②使用感覺。

③感覺身邊到有沒有新的事物，或是新發現的東西。

④不要隨便帶過，盡量去感受這些事物。

⑤注意力再集中一些。

⑥不要把稀鬆平常的事情當成理所當然。

第二種方法

面對內心切斷的核心情感

情感是人生的指南針。這句話的意思是，在面對人生重要的選擇、決定與行為上，情感會帶來很大的影響。如果我們去問別人「你判斷事情的標準是理性還是感性？」大部分的人都會回答「理性」。但是，人類無論做出什麼決定，直到付諸行動為止，理性與感性會一直相互交流，因此理性絕對不可能擺脫感性。

舉例來說，正在執行減肥計畫的某個人決定從今晚開始用蛋白粉沖泡飲品來代替晚餐。但是看到家人聚在一起吃炸雞的瞬間，這個人的情感進入興奮狀態，他立刻將計畫變更為「我只吃到今天，明天再開始減肥」。這是受到嗅覺的影響，掌控情感功能的大腦邊緣系統說服了理智。

因此就有專家表示，如果不學會控制情緒，不可能實現僅僅基於理性的完美選擇與思考邏輯。情感是安裝在大腦深處的求生系統，因此很難通過自主意識來控制它。但是不知道怎麼回事，有些人卻被要求學習阻斷「不安、羞愧、罪惡感」等負面情緒。

一位平時展露出開朗形象的女演員在一檔節目中坦露自己的家庭狀況。她家裡有一位身患殘疾的哥哥，因此在成長的過程中，她一直帶著「雖然我是妹妹，但是必須好好照顧哥哥」、「我要對哥哥好一點」、「我要忍讓身上有殘疾的哥哥」等龐大的壓力生活。在日常生活中，這些想法也對她產生很大的影響。假如一段人際關係中產生口角衝突或負面情緒而使氣氛僵硬，那種時刻會讓她感到十分難以忍受，因此即使要犧牲她自己，她也會按耐住心裡的不平，盡量不表現出負面的情緒。她始終認為自己一直如此畏縮是哥哥的緣故，但是看到在良好環境下成長的孩子跟自己表現出一樣的行徑時，她不禁哽咽說道：「啊，那時我才第一次發現，原來我的行為並不是哥哥造成的，大概是由於我本身的關係。」這位女演員大概直到上節目之前，只要感覺自己與他人的關係中展現出畏縮態度或是產生必須表現完美的壓力，就會將原因投射在哥哥身上。但是，透過參與節目才發現不是如此，而她也承認了這一點，並且對哥哥感到內疚。

不管怎樣，這位女演員在感受到「恐懼、憤怒、悲傷、厭惡、喜悅、興奮、性慾」的時候，一直都選擇壓抑。她不想被人發現自己壓抑著的情感，因此想成為善於忍耐、關懷、包容、忍耐的人。她切斷了對自己的寬容，就這樣活到現在。

每個人可能都會有一些無法解決的問題，就像人生的課題一樣。對那位女演員來說，這個課題就是羞愧與罪惡感，但每個人都會經歷屬於自己、不同於他人的難題。這些尚未解決的課題所牽涉到的情感，就被稱為這個人的「核心情感」。我們的寬容只有在接納各自的核心情感時，才能夠展現出來。

情感與需求是否被滿足有關，因此逃避並不是解決的辦法。我們一定要先察覺情感，然後再去感受它們的存在。我們的情感可以簡單區分為「慾望被滿足的時候」以及「慾望沒有被滿足的時候」等兩種狀況，為了更容易接觸到自己的核心情感，首先必須了解描述情感的詞彙。

慾望被滿足時的感覺：

感動、熱血、激動、振奮、陶醉、充滿歡樂、充實、興奮、感激、感謝、愉悅、痛快、驚艷、高興、快樂、幸福、暖和、甜美、溫馨、安寧、溫暖、深情、親近、滿足、輕鬆、爽快、滿意、舒爽、愜意、暢快、踏實、知足、輕快、安寧、悠緩、寧靜、親密、放鬆、沉靜、放心、輕盈、和平、緩和、靜謐、自在、鎮定、寂靜、平穩、興致高昂、有趣、被吸引、活力滿滿、刺激、高興、鼓起勇氣、充滿氣勢、抬頭挺胸、生存下來、意氣風發、精力旺盛、起勁、激勵、充滿

期待、充滿希望

慾望沒有被滿足時的感覺：

擔憂、茫然、不知所措、掛心、在意、煩躁、害怕、毛骨悚然、顫慄、畏縮、膽怯、冷汗直流、怯懦、寂寞、不安、焦慮、緊張、著急、忐忑不安、焦躁、不舒服、抗拒、羞愧、困惑、尷尬、難為情、痛苦、為難、鬱悶、煩悶、彆扭、尷尬、有所顧慮、難過、思念、哽咽、心慌、惆悵、辛酸、委屈、悲慘、遺憾、慘淡、受傷、可惜、失望、沮喪、惋惜、氣餒、遺憾、孤單、寂寞、空虛、空蕩、虛脫、蕭索、虛弱、失落、憂鬱、無力、陰鬱、疲憊、勞頓、枯燥、洩氣、麻煩、厭倦、厭煩、絕望、失望、挫折、辛苦、無力、疲勞、無聊、煩膩、沒意思、迷茫、混亂、驚嚇、羞恥、惶恐、害羞、生氣、憤怒、悶氣、委屈、氣憤、煩躁

以上資料來源：韓國非暴力對話教育院

如果你想要接觸自己的核心情感，我希望你可以回顧至今為止，對你而言「被允許的情緒」以及「被阻斷的情緒」分別是什麼。例如，父親看到孩子十分難過的模樣，便說「真不像個男人……（嘖嘖）」，像這樣斥責小孩，就會讓孩子學到「表現悲傷是不好的事情」。此外，如果對興奮不已的小孩說「你能不能乖一點？」並制止小孩的行動，孩子就會努力學習抑制情緒的方法。恐懼與憤怒的情緒也是如此。收到否定性的反應與話語時，聽者通常會留下深刻的印象。往後，如果再次感受到這種情緒，比起表達出來，人們更傾向於埋在心裡獨自化解。

無論是被權力上位者強迫，還是自己吸收這樣的觀念，反覆學習的「內射」會阻斷我們歸類為生存情緒的核心情感。因此，我們必須察覺到被允許或被阻斷的情緒，同時還要察覺妨礙因素是以何種形式影響情緒被允許或被阻斷。例如，我們即將進入激動狀態時，可能會產生「我應該要謹慎行事」的想法，進而讓自己被羞恥心驅動。通過這種方式，憤怒容易被不安阻斷，而悲傷則容易被罪惡感阻斷。

有時候，人們會將情緒用二分法來歸納，將憤怒理解為負面情緒，將幸福理解為正面情緒。然而，這種想法完全是錯誤的表述。情緒是沒有辦法區分正負好壞的，因為所有的情緒都是在無意識的狀態下自然形成。想在不阻斷情緒的前提下進行接觸，我們必須要先消除對情緒的錯誤偏見。請跟著回答以下問題，理解不同情緒的特徵，並檢查自己的觀念吧！

請閱讀下列句子，並標記出你的答案：

- 憤怒、煩躁是不好的情緒。 ○ ╳
- 情緒會隨著時間的流逝而自然消失。 ○ ╳
- 壓抑、迴避情緒之後，情緒會再重新出現。 ○ ╳
- 情緒是我們對人事物表達情感及做出回應的方式。 ○ ╳
- 應該要完美地控制情緒。 ○ ╳
- 我們無法完美地控制情緒，而是需要適當地調節。 ○ ╳
- 心情感到不安就會出問題。 ○ ╳

答案請見下一頁

答案：╳、╳、○、○、╳、○、╳

如果能夠消除對情緒的偏見，我們就可以用更加平靜的心態接觸各種生動的情感。情緒就只是情緒而已，光憑感受到的情緒，並不會發生你所擔心的任何事情。所以，請把麥克風交給自己的感受，讓這些情緒發聲吧。在實際的諮商中，對於那些情緒被嚴重阻斷的諮詢者，我反而會要求他們用那些情緒來表達自己。

我們的情感和情緒不是死的，而是活生生存在著。倘若能夠不對其加以批判，用包容的心態聆聽，一定能讓我們找到勇氣。已有科學證明，在人們察覺情緒、為其命名並給予認可時，反而能夠獲得鎮定與調節的效果。在一個名為「在詞語中融入情感」的FMRI研究中，研究人員給受試者看了一些照片，照片上的人都做出飽含情緒的表情，研究發現受試者在看見照片上傳達的情緒後，右腦前額葉的活化增強。接著，研究人員要求受試者為自己看見的照片賦予情緒的名稱，結果換成左腦前額葉有較強的活化，但是右腦前額葉的反應減少了。這也就是說，有意識地察覺情緒之後，受到情緒的影響便減少了。

由此可見，迴避情緒並不能成為解決方法。當然，我也明白要直面長時間受到壓抑及迴避的核心情感，並不是一件容易的事情。程度輕一點時，可能會讓人感到尷尬或不舒服；嚴重一點時，就會觸動恐懼、羞恥心與罪惡感。儘管如此，我們之所以重視接觸核心情感，是因為如果不突破這個部分，就不可能進行實際的接觸，同時也剝奪了可以接受自己本質的機會。如果想要變得寬容，就把麥克風交給自身的情感吧！

第三種方法

學習保持距離的關係

我喜歡現代詩人安道賢的〈間隔〉一詩。這首詩描寫的內容是，從遠處看樹林時，以為樹木群是並肩排列在一起，然而一旦走進被山火席捲過的樹林，就會發現樹木之間存在間隔，這些間隔排列聚集，才形成鬱鬱蔥蔥的樹林。詩人說，樹木與樹木不能靠得太近，必須要分開生長。而這一點對人類來說也一樣。偶爾會遇到有些人以愛與喜歡為由，以為只有像連體嬰一樣黏在一起，才是真正的親密關係。但是，人也跟樹木一樣，不能靠得太近。惟有保持一定的距離，面對再親近的人，也以「他人」的身分存在，才能維持真正健康的關係。

人與人之間保持距離，就意味著保有彼此的界線。每個人都有屬於自己的界線，只有在遵守這個界線的狀態下，彼此交流、笑語、對視、觸摸、探問、牽手，才能自然地經營生活。這就是我們在一段關係中應該享受到的接觸。

界線，就如前文描述的那樣，就像農場的圍欄或房子的大門。劃出一道區分「我」以及「非我」的線，就是所謂的界線。每個人都有屬於自己的界線，由自己劃分出「我」的範圍則被稱為「自我界線」。

只有遵守自我的界線，不侵犯他人界線，並且滿足自身需求的時候，才能夠進行「接觸」。例如，如果我為了滿足自己的性慾，強制侵犯他人的界線來滿足自己的慾望，這就不能說是「自我接觸」。此外，假如在不願意的情況下侵犯自我界線，強迫自我不能拒絕，這也不能說是「自我接觸」。這反而應該要做叫「自我疏遠」。亦即，在被允許的界線範圍之內，滿足自己想要的感情、慾望、行動與想法，這樣的狀態就是良好的接觸。

那麼，接觸的內涵是什麼呢？我們可以透過接觸得到什麼，又或者錯過什麼呢？

捷克文豪法蘭茲．卡夫卡所著《變形記》中，從講述主角格里高爾．撒摩札某一天突然變成甲蟲，描繪人類被疏遠的孤獨以及人類存在的虛無。我讀完這篇小說後，有好一段時間都沉浸在「如果是我會怎麼樣」的想法中。

首先，如果我是《變形記》的主角格里高爾，我應該會深陷失落感之中。此外，我的家人可能會認為我再也無法賺錢，因而將我視為單純令人厭惡的昆蟲，甚至會想把我抓起來丟掉，這會讓我感覺到深深的背叛與憤怒。但是，格里高爾並沒有如此。他全然不顧自己突然變成甲蟲的恐怖情況，反而去擔心自己的缺勤會替公司帶來麻煩。與其向家人尋求安慰，他反倒想看家人的反應，甚至感到愧疚不已。更讓人生氣鬱悶的一點，是現實與格里高爾的擔心不同，公司的人主動切斷與他的人際關係，僅在合約條文的規範下解釋他的不幸；做為家裡的兒子及大哥，他的家人卻否定他的存在，對於他的存在感到負擔。格里高爾在哪裡都無法確認自己的存在，於是便選擇了遠離自己以及社會。

我們因「內射、投射、融合、回射、自我意識、折射」等妨礙因素逃避接觸的結果就是「自我疏遠」，這是指自己不接受自己的存在。相反地，倘若我們嘗試與自己、他人以及環境接觸，那就表示我們接受自己的存在並且能自我復原。現在，我想在這裡多談談人際關係上的接觸。

人類最普遍的需求之一，就是對人際關係的需求。無論是誰，人類在出生的那一個瞬間，就會開始自動形成人際關係，我們這一輩子都無法擺脫人際關係的束縛。此外，生活的喜悅和痛苦、快樂和悲傷、希望和絕望、幸福和不幸、有意義和無意義，這些所有的一切都是透過人際關係的接觸才得以獲得。人際關係基本單位是兩人，兩人之間的接觸則是所有人際關係的原型。

人們總是不太理解，我們是在人際關係中學習人際關係的概念。尤其是當人們被毒性關係拖進困境之前，更是如此。但是，只要正確理解幾個條件，我們就不會因為毒性關係而浪費力氣，這也是對他人最基本的寬容。

① 接受我與你的不同之處

有些人會認為，承認彼此的差異、尊重各自的不同會破壞親密關係，讓雙方完全背離彼此，但是這種想法應該要被消除。在我的著作中，有一本書名為《我們是有血緣關係的他人》。一些好友注意到這個書名，並不明白我為什麼要這麼取名，還提出了一些擔憂以及建議。他們之所以不懂，是因為他們觀念中對「他人」這個詞彙的概念。這本書是在講述上了年紀的年邁父母以及一起變老的成年子女的關係，因此許多友人將「他人」一詞解釋為父母與子女的關係像陌生人一樣。因此，我先糾正了他們對「他人」的理解。我解釋道，父母與子女確實就是「他人」，最終也應該做為獨立於彼此的他人存在。其實除了我自己，世界上的所有人都是他人。像這樣承認並接受彼此的差異，就可以成為接觸的良好起點。

② 承認萬事萬物不斷在變化

彼此懷抱不同感情、想法及需求的兩人相遇，理所當然會伴隨著許多變化與能量的往來，也就是彼此會互相影響。如果A與B兩人繼續交往，有時會以A的需求為優先，有時則會以B的需求為優先，這段關係中必然會發生很多交流及變化。這時，雙方對彼此的興趣、關心與興奮的能量也會自然而然產生。然而，倘若兩人在一起時，總是按照其中一個人的想法、感情與需求來決定事情或採取行動，這就是嚴重的「融合」狀態，或是其中一方支配另一方情緒的「煤氣燈效應」。倘若想要守住彼此的關係，兩人就要承認關係中會不斷產生變化，並保持親密的關係。

③ 直接表達最真實的心意

如果是真心接受彼此真實樣貌的一段關係，就應該向對方如實表達自己感受到的內在經驗。也就是說，溝通時的態度應該用「直接告訴」對方的方式，而不是以內容為重的「談論」。如果想要隱藏自己的內心話，人們通常會避免接觸那個話題，所以比起直接說出口，人們會選擇說些別的或拐彎抹角。

有些人害怕面對評價或拒絕，就更難將心裡話直接說出口了。但是，不要把與對方溝通的過程中產生的情緒、想法與需求的變化當成不安的因素，而是對那些未曾經歷過的新鮮事物保持好奇心，就可以減少防禦性的態度。然而，這必須建立在對自己及對方的信任上。

讓我來舉個例子吧！我曾幫一間公司進行集體諮商，當時遇到一名剛進公司六個月的男性員工。他告訴我，如果沒有同組的前輩幫助，他大概每天都得加班，並表達了感謝之情。正好，當事人的前輩也在同一個諮商小組裡，所以我要求他把這些內容親自表達給前輩。因此，他說道：「我有很多不足之處，前輩給我很多建議，也提供我很多資料，我真的覺得很感謝。」但是，這段話並不能算是直接對當事人表達。因此我要求他再試一次，他不好意思地猶豫了一下。此時，一直默不作聲的前輩開口了。「一定要說出來嗎？我已經知道他的心意了。」像這樣，他們其實會想逃避現況草草了結。

因為這位前輩認為職場上的人際關係毫無意義，在進行集體諮商的過程中還表現出冷嘲熱諷的態度。這兩人並沒有表現出「對變化的信任」，也就是說，在溝通的過程中，他們對彼此並沒有「即使兩人的情感、想法及需求出現意外的變化，也相信彼此能充分處理這些狀況」的信任。

此時，其他同事都同意我的想法，因此也鼓勵新人直接表達感謝。他猶豫了好一下子，然後小聲說道：「前輩，這段期間多虧有您的幫忙，我才能夠堅持下來。您是我的恩人，謝謝。」聽完這段話，前輩的臉開始漲紅，似乎不知道該怎麼辦，眼珠不斷四處飄移。我要求他看著後輩，給他一些回覆。此時，他才直視後輩的臉，說道：「這是我該做的事，謝謝你告訴我。」接著臉上終於露出了微笑

不侵犯自己與他人的界線，保持一定的距離，這就是相互尊重。我認為，只有在處於感動的情境時，對他人的尊重才會更有重量，因此從這個角度來看，積極創造感動的時刻也會有所幫助。

記住那些感動的時刻

請先移動到可以獨處的安靜場所，調整呼吸的穩定度，直到身體進入放鬆狀態為止。不要讓身體有出力的地方，擺出輕鬆的微笑及舒適的姿勢，臉上要露出柔和的表情。現在，讓我們在深呼吸之後，嘗試回想一下「別人親切待我的時刻」吧。仔細回想那些對你親切的人臉上的表情，並專心感受記憶中的感覺、情緒以及想法。

①讓我們把注意力集中在那個人說過的親切話語及行動上，至少一分鐘左右。

②讓我們集中精神感受當下那個人對你展現出的情感。

③現在，專注在你的整體經驗上，試著感受你曾經歷過的喜悅，以及對那個人的感激之情。接著，為了讓這種感覺逐漸增強，先深吸一口氣，然後停留在那段記憶中。

④在體驗的過程中，將你產生的所有感情及想法寫出來。

第四種方法

承認心中擁有
兩顆相反的心

朝鮮王朝的五百年歷史中，最具悲劇性的事件之一就是「思悼世子的死亡」。為什麼會發生這種悲劇？學界有許多不同的觀點，但我想要找出在思悼世子與英祖關係中，妨礙接觸的兩種反向心情。當然，這個論調是依據歷史的考證，也更接近我個人的假設，只是想幫助閱讀這段文章的人更好理解。

從歷史紀錄來看，英祖心中有一道強力的內心規則：「只能這麼做」。如果將心理學的標準套進來，可以推測出他基於義務的思考及框架非常強烈。英祖終其一生都受到嫡子身分的心理束縛，為了不做出被別人指責的事情，他過著非常節制而嚴格的生活。不僅如此，英祖也用過度的道德標準及社會標準來要求自己，極度追求完美。問題是，他將這樣的道德標準強加在兒子思悼世子身上。思悼世子不敢拒絕英祖的命令，因為他既是父親又是一國之主，只能順從接受英祖的要求，因而開始出現「內射」行為。但是，這並不代表思悼世子永遠都只有服從之心。思悼世子曾經堅持畫著英祖不喜歡的狗畫像，可見他內心想要反抗的意志也十分強烈。

如果從心理學來解釋這一點，可以說思悼世子內在並存兩種聲音，一是必須遵從道德命令的「優勝者」，二是不想服從、只想反抗的「劣敗者」。如果兩種聲音同時存在心中，那麼當事人就會不知道哪一個才是自己的真心，因而感到痛苦不已。表面上，當事人會裝作服從優勝者的命令，但是如果繼續逼迫他，就會開始想要辯解或是逃避現況。分成兩半的心互相爭鬥，並試圖控制對方。完形療法的皮爾斯將這種狀態稱為神經病症的「自我拷問遊戲」。對我來說，沒有比這種狀況更能阻撓對自己的寬容。明明有想要做的事情，但是阻止自己付諸行動的不是別人，正是自己，所以才痛苦萬分。

倘若確定心中確實有兩種不同的聲音——「想要控制與支配的心」以及「想要拒絕並反抗的心」，我們反而應該允許兩種聲音激烈辯論，並在這個過程中透過對話來解決分歧。如果因為害怕發生衝突而逃避，就會失去接納自我的機會。

此時，需要透過外部對話來實現可視化的過程，這是為了讓兩個不同的需求相遇，讓心中隱密的內部對話能立刻被察覺。對此，我想給出的建議是，允許相反的兩顆心進行對話，我將利用宋康昊（飾英祖）和劉亞仁（飾思悼世子）主演的電影《思悼》來舉個例子。

在這部電影中，思悼世子在生命垂危之際，被關進糧倉裡面，然後是與父親英祖對話的場面。當然，這個場景是電影裡的英祖想像中的虛構場面。也可以說這個橋段是導演推測的場景，假若兩人可以進行對話，可能會是這樣的。本來互相埋怨、厭惡的兩人，在這個橋段中坦率說出自己的立場，並傾聽對方說的話，但我想把這段對話置入思悼世子心中獨自進行的「兩種聲音的對話」裡。也就是說，要從優勝者與劣敗者的脈絡出發，讓對話可視化。

英祖的話語代替了道德命令的優勝者。英祖對思悼世子說道：「一國之君不能懈怠學習，舞刀弄劍，或是成天畫狗也是不對的事。為了成為一個稱職的君主，你不能犯下絲毫的錯誤。為了不被他人輕視，你做的每件事都必須完美無缺。」

思悼世子的話語則代替了被壓迫而怯懦不已的劣敗者。「父親強迫我服從的方式讓人窒息，我再也無法忍受了。學習跟衣著並不重要，比起權力，我更想要父親您溫暖的目光。」

電影中呈現的場面中，並不是一人心中同時存在兩種聲音的優勝者及劣敗者，但如果將英祖的台詞比喻為優勝者，將思悼世子的臺詞比喻為劣敗者，就能理解兩種聲音對話的現象。

不管怎麼說，在遵守道德信念及社會紀律的普通人心中，優勝者的聲音通常更大、更強烈。因此，要承認自己心中擁有否定及反對道德信念的慾望並不容易。從一開始，優勝者與劣敗者之中就有一方容易放棄，試圖進行接觸的行為本身可能就會讓人覺得勉強。因此，最好讓兩種不同需求的聲音進行激烈的辯論後，最後達成讓步與妥協。這種時候，最有效的方法就是「兩張椅子技法」，就像英祖以及思悼世子間的對話一樣，讓他們各自坐在兩側的椅子上進行溝通。

一個人的心中有兩種聲音，如果沒有特別留心，就會很難察覺，而且長久下來會十分熟練地用「我必須那樣做」來壓抑感情、慾望及想法等，要求自我犧牲已經在無意識中公式化。此外，這種模式也會以「也許大家都是那樣吧」來阻礙我們承認個體的獨特性以及培養自身的寬容。

我見過一位已婚女性，因為丈夫的外遇使他們夫妻關係迅速惡化。如果矛盾沒辦法解決，他們甚至會考慮離婚，但令我感到怪異的是，這位女性似乎對丈夫有諸多不滿，可是言談間總是不知不覺說出：「他不是很壞的人，身邊的人都覺得他是好人，他是一個沒有法律約束也不會做壞事的人。」她經常袒護她丈夫，讓人搞不清楚她究竟是討厭丈夫，還是喜歡丈夫。她的丈夫雖然是個善良的人，但也是個自私的人，家中大事完全不跟妻子商量，通常都是自己單方面決定後才先斬後奏；雖然是個溫暖的人，也善於甜言蜜語，但卻是自己媽媽永遠優先於妻子的媽寶男。這位女性面對她的丈夫時，內心呈現不同的兩極。她被丈夫冷淡的態度所傷，內心感到孤獨又悲傷，一想到自己做為伴侶犧牲的年華歲月，心裡既憤慨又委屈，可她不允許自己出現這種感情。每當她心中浮現對丈夫的不滿時，就會告訴自己「也許大家都是這樣吧」，勉強自己理解對方，習慣馬上壓抑自己的情感已成習慣。這時她所想到的「也許大家都是這樣吧」，這句話隱含的意思就是「女人結婚後，就必須成為那個家的鬼」、「丈夫是天」、

「所有的家事都應該由女人來負責」、「只要女人不搞砸，一切都會好好的」等等諸如此類的社會規則。這跟我前面提到的「也許大家都是這樣吧」——隱含一個人接納自己的真實面貌之意——是完全不同的。不僅如此，她甚至覺得如果自己沒有按照這些規則行事，就是一個很差勁的配偶，沒有成為妻子的資格。

「也許大家都是這樣吧」這句話不僅在要求她無條件順從與犧牲，同時也是在肯定她有好好完成妻子這個角色該做的事。所以，過去從未有過任何疑問與不滿，現在卻想要提問：「為什麼必須要這樣？為什麼只有我一個人要忍耐？」即便如此，心中還是會浮現「不是的，也許大家都是這樣吧」，接著立刻阻斷內心的情感與感知，她就這樣在兩種聲音之間不知所措，而且不知道自己真正想說的是什麼。這兩種聲音似乎需要交流與對話。我請她為自己內心的兩種聲音選擇適合的玩偶，結果她選了一個老婦女及身穿校服的女學生。老婦女玩偶是代表「只要我不搞砸，一切都會好好的」這句話，並要求她在任何情況下都必須忍耐的優勝者；女學生玩偶則是代表著「不想再繼續忍耐下去了」，對優勝者的要求感到憤怒、抗拒的劣敗者。

優勝者：男人都有可能會犯一次錯誤，妳理解一下。

劣敗者：我不想理解，我不想再繼續忍耐下去了。

優勝者：妳不想忍耐的話，是打算破壞家庭嗎？當然要先為家庭著想啊。妳都不考慮孩子們的嗎？

劣敗者：不，現在開始我也要照顧自己的心情。我不想因為這個原因，去理解一件錯誤的事。

優勝者：一個好妻子，是即使再辛苦也能堅持忍耐的人啊。

劣敗者：忍耐及堅持並不是無條件。如果有值得忍耐的理由，那我會繼續堅持下去。但這次是我先生的錯，這不是我堅持就能解決的問題。

優勝者：那要怎麼樣你才願意忍耐呢？

劣敗者：我也想守護家庭。我先生應該要徹底反省自己的錯誤，道歉並且請求我跟孩子們的原諒，要不要忍耐是這後面的事情。

兩種聲音相互對話，劣敗者的聲音漸漸充滿力量。她並非只是裝作不知道，連對方的錯誤也無條件忍受，而是希望丈夫反省自己的錯誤，並真誠向她道歉。這時，她才察覺自己真正想要的是什麼，於是用更加平穩的聲音繼續說下去。「因為這件事讓我不願再想起來，所以之前只想把這件事推開。但是，把發生過的事情變成不存在，這是不可能的。我心底一直很痛苦，所以告訴自己『也許大家都是這樣』，反而轉頭責怪無法克服的自己。可是，我明明沒有做錯任何事。」看來，她似乎終於讓兩種聲音達成妥協。

我希望各位能夠檢查自己跟家人、朋友與同事之間的人際關係中，主要是使用什麼模式相處。我們有必要去思考一下，自己是否在無意識間、習慣性地被對方的需求左右，使自己深陷痛苦之中，自己是不是遵守了自己的界線等等。假若允許了某人侵犯自己的界線，我想建議各位嘗試反對那些刻印在心中的道德命令。因為，那些略過自己的選擇、交給他人決定的「理想」，最終都會讓自己感到挫折，並且無法擺脫罪惡感。請擺脫害怕面對衝突的想法，不要用「也許大家都是這樣」的話語把事情正當化，而是藉由它來接納真實的自己。

第五種方法

停止逃避，勇於面對

隨著年齡的增長，必須放棄的事物之一就是自拍。逐漸變深的皺紋以及眼下浮出亂七八糟的斑痕，這些歲月的痕跡早已掩蓋不住，只會原封不動地待在臉上，著實令人難堪。人偶爾就是會想要一些小聰明，這就是為什麼大家會沉迷於那些能讓自己變身女神的手機軟體。不過，現在也不能繼續依靠它了。有一天，我女兒對我說道：「媽媽，不要再用手機的美顏相機拍照了，照片看起來真的很怪。」我女兒每天都能看到我本人，站在她的立場上，她知道手機軟體中拍得很漂亮的媽媽是假象，所以間接向我傳達「不要再拍了」的意見。既然女兒都這麼說了，我也不能再繼續用美顏相機來拍照。但是，我也沒有自信在沒有美顏相機的情況下自拍。可能是因為這個原因，近來手機裡小狗及風景的照片變多了。只有照片會這樣嗎？我突然產生這樣的想法。還有什麼東西是不能直接看見原始面貌的呢？

我的一位好朋友老是因為伴侶的逃避行為感到鬱悶。「我先生真的一點金錢觀念也沒有，在他身上也完全找不到一丁點跟責任心有關的東西。」前一天，他們夫妻倆好像爆發了很嚴重的吵架。我詢問是什麼原因，她表示她丈夫有一個非常不好的習慣，就是會毫無計畫地衝動購物，等到信用卡帳單出來後，就經常會因無法支付而產生利息。比較特別的一點是，她丈夫拖欠的金額並沒有大到她們無法承擔的程度。無法諒解的友人追問丈夫，才知道原來是他收到信用卡帳單時，會忽然感覺又擔心又害怕，所以經常不敢確認確認帳單內容。

她丈夫還有另外一個不好的習慣，就是即便面對婆婆無理的要求，他也絕對不會站出來說話。舉例來說，婆婆會突然向他們索取大筆資金，或是即使夫妻倆事先已經有約，也要求他們必須無條件取消，前往婆家吃飯等等，面對這些過分的要求，她丈夫不會表現出任何不愉快，而是裝作不知道。每當這種事情不斷重複上演時，好友就會覺得自己的丈夫非常不負責任，就像一個只會逃跑的人一樣，這讓她感到鬱悶萬分。為什麼會這樣呢？好友的丈夫害怕面對自己的處境。因為在他負面的想像中，假如直接面對問題，好像就會發生什麼大事。

我們的人生不斷累積沒有解決的課題，是因為人們害怕處於痛苦之中，因此不願面對問題，而是選擇逃避現況。相反地，如果能夠面對問題，就可以克服那些被視為不幸的情況。因此，我們必須練習不要逃避，停下腳步並面對眼前的問題。

「面對」，就是發現自己為了不被看穿內心真正欲求的慾望或感情，會反覆採取迴避的行為之後，再次付諸行動時就會實現。面對問題的方法有很多，首先，有一種方法是先發現言語的內容、臉部表情、說話的聲音或行動的不一致之處，然後再加以修正。

例如，有一位諮詢者的就業考試落榜，心情因而低落不已，但他嘴上卻不停說著「我一點都不在意」、「我的個性很瀟灑的」、「也只能接受這個結果，不然還能怎麼辦？沒關係啦」。但是，說出這些話的時候，他的聲音卻是不停地顫抖，眼眶逐漸發紅，瞳孔飄忽不定等，出現了跟言語互相矛盾的舉止。如果我向對方提問道：「您說自己一點都不在乎的時候，聲音一直在發抖，是想到了什麼嗎？」這時，諮詢者才會發現自己的言行不一致。

做為一名諮商師，我經常會像這樣幫助諮詢者「面對」事情。我曾經遇過一位諮詢者，在五十分鐘的諮商時間裡，這位諮詢者可以不停地說話。連諮商師提出的問題都充耳不聞，只專注在講述自己的故事。面對這樣的諮詢者，我會直接向對方說道：「您可以暫時停止說話嗎？」、「我們現在根本沒有在對話，您連我的問題都聽不見。您似乎沉迷在自己的故事裡無法自拔，您有發現嗎？」像這樣幫助對方面對狀況。此外，我也常常遇到在對談的過程中，用笑容迴避問題的人。像是這種情況下，我也會提出問題：「您可以試著在不笑的時候說話嗎？」、「您現在笑的時候，心裡有什麼感覺呢？」、「您正在說痛苦的事情，看起來卻非常愉快」等等，藉此幫助對方正確認識身體的感覺與情緒。若難以發現自己反覆採取迴避的行為時，就可以透過這種方式得到周圍親友的幫助來「面對」自己。

面對迴避行為的時候，最強而有力的方式就是改變使用的詞語。就像前面講述語言察覺的章節裡提到的那樣，可以將「但是」、「做不了」、「對不起」等較為被動的話語，換成「還有」、「不想去做」、「生氣」等偏向主動的話語。例如，「我對那個人感到抱歉。但是，我沒能開口說對不起。」換成：「我對那個人感到抱歉。而且，我沒有說對不起。」如此一來，就可以明確知曉言行的主體是誰。如果有對著第三者說話的習慣，可以改為直接講給對方聽。例如這句話：「那個人總是逃避，讓人覺得不負責任」，將這段話稍作改變，想像對方就站在自己面前，然後將自己的感受直接說出口。「你逃避的時候，會讓我覺得很鬱悶、很生氣。」

另外，如果一個人的語言表達很模糊，就要練習如何明確表達。例如，「因為預想到了」改成「我預想到了」、「我的心無處可去」改成「我有地方可去，只是被我自己擋住了」、「好像沒什麼大不了……為什麼非要這樣……」改成「這個經驗很特別」。

也有人慣用言語將自己塑造成被害者，並藉此來迴避。例如，用「我好笨、我沒用、我不討人喜歡、我失敗了、我是壞人、我有很多缺點、我沒有擅長的東西、我被罵是理所當然的」之類的話來指責自己。這時，我們心裡感受到的羞恥心會引導我們走向沒有盡頭的自我疏離之路。已經形成固定習慣的言語其實會在無意識中暴露出來，所以有時會需要很長的時間來改變。

在公司行號裡遇到非自願的諮詢者，通常都擁有較高的迴避及防禦能力。因為這些人不是自願申請諮商，所以他們從一開始看向我的視線就充滿了懷疑。就像青春期的小孩毫無由來地反抗父母一樣，無論我問什麼問題，他們都會出現尖銳、敏感的反應。

有一位諮詢者，由於多年來業績不佳而感到挫折萬分，心理狀況也疲憊不堪。我問他壓力是不是很大，他回答道：「我想賺錢糊口。」我問他至今為止是否有感覺到任何職場生活的意義，他回答道：「我只是為了賺錢來工作的，能有什麼意義呢……」，他對我的問題本身感到不以為然。於是，便一直重複上演我問問題、他以興致缺缺的態度隨意回答的場面。某天，我告訴他我看見他身上的一些優點，他卻回覆我：「那種程度的事情，誰都辦得到吧。」就這樣縮減了正面回饋的範圍。我問他都如何釋放壓力，他回答道：「為什麼要釋放壓力？」接著又說道：「這些問題根本沒有幫助，妳一直問我這些問題，讓我覺得很不舒服」，他想要拒絕說出自己的感情及需求。我覺得他的態度非常沒有誠意。對於想要幫他發現優點，並給予正面回饋的我，他沒有任何同理心，感覺像是在拒絕這件事一樣，這讓我倍感遺憾。但是在我心裡某一部分，我相信他不是一個會用這種毫無誠意的態度工作的人。如果想要接觸到他正在迴避的真正想法，似乎非常需要用「面對」的方法來幫他。

我嘗試用他的言語來講話。「您剛剛的那些話，我聽起來感覺非常沒有誠意。您的態度也很尖銳，就像河豚的尖刺一樣——我的這些話您聽起來怎麼樣呢？」語畢，他立刻沉默了下來。我告訴他，即使他對工作充滿熱情及愛意，但是「我想賺錢糊口」這樣的語言完全無法表達他的情感，此時他開始同意我的意見了。不久之後，他開始藉由諮商改變語言習慣，並將「我想賺錢糊口」這句話改成了這樣：「職場是我生活的空間。」

「不得不做的事情」、「自己能做的事情」與「必須要做的事情」是不同的，我們必須要成為區分這些事物的主體。不應該把力所能及的事情，變成必須要做的事情。要想做到這一點，就必須了解、察覺在無意識中運轉的內心世界。而且，我們不應該迴避，而是要將其表現出來。

他表示，過去在家庭、職場或社會上的任何場合中，他都沒有聽過稱讚或認可的話，因此我的正面回饋讓他很尷尬，因為他並不熟悉這種對話，所以很想逃避。他內心一直都覺得「我是沒用的人」、「我一個專長都沒有」，但是不想被諮商師發現自己的這個想法。

「面對」被掩蓋在迴避行動之下，讓我們自覺認識到自己尚未展露的感情、慾望與想法等，使我們不再逃避問題，而是承擔起責任。迴避不能成為答案。為了解決那些人生的課題，滿足內心的欲求，我們需要不迴避痛苦，正面接受的勇氣。正如完形心理學專家金正奎教授所說：「除了自己，沒有人能真正讓自己陷入痛苦之中。」請不要忘記，鑰匙永遠都在自己身上。

第六種方法

以自我支持的力量，擁有更多的寬容

在這本書的前半部分中，我論述了我對寬容的想法，亦即我、他人與社會的寬容都是從接受個人的不完美開始的。當然，寫下這些文字的我也很清楚，這並沒有那麼容易。因此，我打算分享關於能夠幫助普通人自我接納的話題——「支持」（Support）來做為這本書的結尾。

人們訴說的壓力，大部分都是源自於想要表達的慾望，表達自己的感受並付諸行動。此時，我們追求的慾望會為了實現這個目標而驅使我們行動，從這個層面來看，這就是充滿活力的生活動力，反過來說，如果我們的慾望沒能實現，就會變成折磨自己的敵人。

出現令人不滿意的結果，認為是由於自身不足而懲罰自己，或者怪罪於他人及環境，進而採取充滿攻擊性的姿態，也是屬於同樣的情況。那麼，讓我們將事情單純化，倘若做為壓力成因的慾望消失了，那麼人們就不會對自己太過嚴厲，也不會對他人表現過分的攻擊態度。雖然這麼說有些荒謬，但這個想法值得我們多瞭解一點。請讓我借用希臘現代文學的代表——尼可斯．卡山札基[11]的墓誌銘。他的墓誌銘跟小說一樣有名，上面是這麼寫的：

我什麼都不想要。
我什麼都不害怕。
我是自由的。

11 尼可斯．卡山札基（Nikos Kazantzakis, 1883-1957），希臘小說家、詩人、散文家。

如果一個人什麼都不想要，那麼失去的恐懼也會消失，確實能夠變得自由。但遺憾的是，對於包括我在內的眾多普通人來說，這只不過是近乎夢想的理想而已。此外，對於某一些人來說，這樣也許是在剝奪他們生活的活力。因此，倘若我們很難像尼可斯．卡山札基一樣實現無慾無求並達到自由的境地，那麼只能接受無法放下慾望，必須帶著恐懼生活的不完整的自己。這時，如果只靠自己一個人的力量，很難完全接受這件事，那麼依靠他人的力量也是一種方法。

我也有對於自己所做的一切感到害怕與恐懼的時候。我也曾苦惱自己現在是否做得好、未來是否還能做好，於是便在痛苦中徹夜未眠。例如，我自己的經歷就是如此。此前，雖然我出版了多本書籍，曾被電視節目介紹或是拿到若干獎項，但沒有一本書因此成為暢銷書籍。雖然我已經有十五年的講課經歷，但我依舊不確定自己是否是個優秀的講師；雖然我希望自己在諮詢者眼中是一個好的諮商師，但是很多時候我都擔心自己是否做得夠好。有一天，在一場以心理諮商師為對象的研討會裡，我曾分享過自己的這種想法，而其他諮商師則對我這麼說：

「一直有出版社邀請您要出書，就表示您的文章能引起共鳴，連續十五年有機構希望老師您去講課，肯定也是因為對老師的課程內容很受歡迎吧！此外，那些前來諮商中心進行諮商的人，不就是證明老師的諮商能夠幫助他們嗎？」

同事的這番話非常有道理，只是至今為止我從來沒有充分體會過對自己滿意的感覺，因此很難完全消化這些話。但是不知道為什麼，後來每當我感覺到自己又出現想要嚴厲懲罰自己的心情時，就會想起同事的話語及支持。

指導教授也是一樣。我記得我在教授面前訴說著一模一樣的苦惱，教授用半開玩笑的語氣說道：「老師，您的心理狀況很扭曲哦。」接著露出豪爽的笑容。聽見這些身邊的人對我說的話，我變得比以前更加從容，也終於可以稍微輕鬆一點對待自己了。即使不是百分百的完美，我也不再用「你為什麼不能像某某人一樣優秀」來折磨自己。我得到其他人的支持，幫助我慢慢接納自己。

為了滿足生活中的慾望，我們需要採取行動來逐步實現這些慾望。在這個過程中，即使有各種障礙和困難，也需要堅持不懈地繼續前進。這種力量被稱為「支持」，它使人能夠在環境的影響下正確解釋並積極接受慾望，以便採取對自己有益的行動。因此，「支持」在自我接受中是非常重要的要素，它能協助我們成就許多事。

心理學家佛列茲．皮爾斯將支持分為「環境支持」（Environmental support）」和「自我支持」（Self support）。環境支持指的是家人、親戚、朋友、同事、同好團體、學校、醫院、宗教團體、福利設施等，個人遇到困難時可以求助的各種支援體系；而自我支持則是指自己支持自己。

在心理治療中，比起環境上的支持，我們更重視自我支持。因為，獲得堅定支持的人能懂得尊重自己，這種人身處壓力之下時也不會選擇迴避，而是停留在當下的狀態，並且具備體驗壓力的能力。此外，藉由這樣的支持，我們才能提高對自己價值的自我認同感，以及他人與社會認可自身價值的尊重。前面介紹過的第五種接觸方法，即是能夠令我們不逃避現況、直接面對的一種支持。

一個人的自我接納會對世界產生什麼影響？我稍微想像了一下，倘若我們失去了寬容之心，這個世界會是什麼樣子：無法接受自己不完美的人會陷入自我厭惡，度過痛苦的每一天。最終，疲憊的情緒開始將尖銳的情緒瞄準他人，並無法容許彼此出現一丁點小失誤。當我們拚命為了滿足自己的需求而變得自私時，我們便無法再經歷任何「真正的親密關係」。其他人只是自己競爭時用的墊腳、攀登的手段，因此對他人產生不了任何憐憫。如此一來，也許就會變成完全抹殺人性的世界。我的想法也許看起來過於誇張，但是令人遺憾的是，我們已經踏進這樣的世界中。

當然，我一個人改變不了這個世界。但是，倘若是每個名為「我」的世界可以完全控制自我的領域，這樣的人變成兩個、十個，並重新建構這個社會，也不是不可能的事。

如果意識到自己行為變得敏感脆弱且神經質，進而為自己與他人帶來不便的人都能夠捫心自問：「我想要的東西到底是什麼？」這大概就最令人雀躍的事情了。正如我前面解釋的那樣，如果能夠滿足自身的需求及慾望，那個讓自己變得敏感、神經質、煩躁、憤怒、羞恥、恐懼、憂鬱等不舒適的情緒便能獲得調節，也能夠停止對自己、對他人以及對世界說出各種指責的話語。這時，如果有環境支持和自我支持的力量，我們就能產生不逃避並繼續嘗試的勇氣。支持，足以成為我們接受不完整自己的小小種子。這也正是寬容的開始與結束、自我接納與自我憐憫的結合。所以，「你能接受什麼樣的自己？」我期望讀完這本書的所有人，都能回答：「原本的自己」。

對於無法改變的事情，
請給予我能夠平和接受的心智；
對於可以改變的事情，
請給予我挑戰的勇氣。
此外，請給予我
能夠辨別這兩件事的智慧。

——雷茵霍爾德·尼布爾《寧靜禱文》

你的心，今天還安好嗎？

每一天練習對自己多寬容一點

作者——孫廷沇
譯者——郭宸瑋
副總編輯——簡伊玲
特約主編——林立文
特約企劃——林芳如
美術設計——王瓊瑤

國家圖書館出版品預行編目 (CIP) 資料

你的心，今天還安好嗎？——每一天練習對自己多寬容一點 / 孫廷沇 손정연著; 郭宸瑋譯. -- 初版. -- 臺北市 : 遠流出版事業股份有限公司, 2023.12 面 ; 公分
譯自 : 아주 약간의 너그러움 : 오래되고 켜켜이 쌓인 마음 쓰레기 치우는 법

ISBN 978-626-361-388-1(平裝)
1.CST: 自我肯定 2.CST: 自我實現 3.CST: 生活指導

177.2 112018166

發行人——王榮文
出版發行——遠流出版事業股份有限公司
地址——104005 台北市中山北路一段 11 號 13 樓
客服電話——(02) 2571-0297
傳真——(02) 2571-0197
郵撥——0189456-1
著作權顧問——蕭雄淋律師
ISBN——978-626-361-388-1

2023 年 12 月 1 日 初版一刷
定價——新台幣 380 元
（缺頁或破損的書，請寄回更換）

遠流博識網 http://www.ylib.com
E-mail: ylib@ylib.com
遠流粉絲團 https://www.facebook.com/ylibfans